Fischer · Die Schulung des Torwarts im Hallenhandball

Gerd Fischer
Heinz Hofmann
Siegfried Pabst
Dieter Prange

Die Schulung des Torwarts im Hallenhandball

Mit 37 Fotos und 142 Zeichnungen

B & W

Bartels & Wernitz

CIP-Kurztitelaufnahme der Deutschen Bibliothek

Die Schulung des Torwarts im Hallenhandball /
Gerd Fischer . . . − Berlin; München; Frankfurt am Main:
Bartels und Wernitz, 1987
ISBN 3-87039-062-X

NE: Fischer, Gerd [Mitverf.]

2. Auflage 1987
© B&W Bartels & Wernitz Sportverlag GmbH
Bestellnummer 1062
Gesamtherstellung: Bartels & Wernitz Druckerei und Verlag KG, München
Printed in Germany

Inhalt

Vorwort

Über die Problematik, die Schulung und über die Bedeutung des Hallenhandball-Torwarts wurde bisher nur wenig Literatur angeboten. Die Verschiedenheit der individuellen Voraussetzungen, die Meinungsunterschiede hinsichtlich der Wirksamkeit des Torwartspiels und die immer wieder bestechenden Erfolge bei atypischem Verhalten einzelner Torwarte machen es schwer, allgemeingültige und verbindliche Aussagen zu machen. Diese Schwierigkeiten sind wohl die Hauptursache für den Mangel an Fachliteratur in diesem Bereich.

Im vorliegenden Buch haben die Verfasser in Zusammenarbeit mit erfahrenen Torwarten aus hohen Spielklassen, bei ständiger Erprobung und Überprüfung von Erkenntnissen und Aussagen, ein grundlegendes Fachbuch zur Torwartschulung erstellt. In den Bereichen Eignung, praktische Schulung und Betreuung des Torwarts werden Feststellungen getroffen, wo immer möglich Grundsätze genannt, Ratschläge und Faustregeln gegeben und Schulungsbeispiele angeboten.

Das Buch soll als eine praktische Handreichung für den Übungsleiter, den Trainer und den Torwart selbst verstanden werden.

Die Verfasser

•• •	Handbälle
○ ○ ○	Medizinbälle
②	Spieler
△	Angriffsspieler
○	Abwehrspieler
Tw T Ⓣ	Torwart
TR Ⓧ	Trainer
S Ⓢ	Spieler als Hilfstrainer
⟶	Laufweg
⟶	Laufweg hin und zurück
2. ⟋⟍ 1.	sich kreuzende Laufwege
– – – – – ▸	Ballweg
– – – ⫽ – ▸	vorgetäuschter Wurf
◂ – – – – ▸	Ballweg hin und zurück
·············▸	rollender Ball
⟹	Torwurf
⫽⟹	vorgetäuschter Torwurf

Bereiche der Torwartschulung

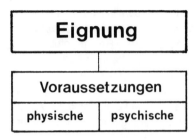

Eignung

Voraussetzungen

physische	psychische

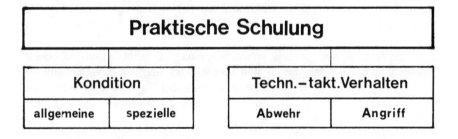

Praktische Schulung

Kondition		Techn.–takt.Verhalten	
allgemeine	spezielle	Abwehr	Angriff

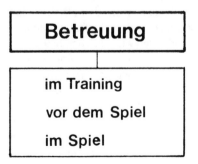

Betreuung

im Training

vor dem Spiel

im Spiel

Die Eignung zum Torwart

I. Allgemeine Vorüberlegungen

Der Torwart nimmt innerhalb der Mannschaft eine Sonderstellung ein. Er spielt auf der im heutigen Handball wesentlichsten Position, von deren Besetzung Sieg oder Niederlage weitgehend bestimmt werden. Dabei wird dem Torwart durch die Spielregel eine Reihe gesonderter Rechte eingeräumt, die der Bewältigung seiner Aufgaben einen weiten Spielraum läßt.

Die Aufgabe des Torwarts ist in erster Linie in seiner Abwehrtätigkeit zu sehen. Wie schon seine Bezeichnung zum Ausdruck bringt, soll er das Tor warten, d. h. behüten. Damit fällt ihm sicherlich keine dankbare Aufgabe zu. Er muß mit allen ihm zur Verfügung stehenden regelgerechten, technischen und taktischen Mitteln versuchen, einen gegnerischen Torerfolg zu verhindern. Mit diesem verantwortungsvollen Auftrag steht er unter einer weitaus größeren psychischen Belastung als irgendein anderer Spieler der Mannschaft, denn kein Fehler ist so absolut wie der des Torwarts. Die Forderung an den Torwart nach Unfehlbarkeit wird dann besonders deutlich, wenn er einen krassen Fehler begangen hat und seine Mannschaftskameraden, die Gegenspieler und Zuschauer ihre Meinung dazu äußern.

Es ist die Aufgabe des Torwarts, entweder alleine (z. B. beim Gegenstoß) oder in Zusammenarbeit mit der Abwehr, den Torerfolg des Gegners zu verhindern. Die Aufgabe des Abwehrspielers, die Wurfhandseite des Gegners abzudecken und damit die für den Torwart zu deckende Torfläche zu verkleinern, läßt sich nicht immer erfüllen. So bleibt es die Aufgabe des Torhüters, die in der Abwehr auftretenden Lücken durch seine Stellung auszugleichen, den nächsten Schritt des Gegners vorauszusehen, den Angreifer beim Gegenstoß zu irritieren, ihm den Wurfwinkel zu verkleinern, ihn zu unkontrolliertem Torwurf zu verleiten oder zur Ballabgabe zu veranlassen. Des weiteren obliegt es ihm, die vor ihm stehende Abwehr so zu beeinflussen, daß ihr Verhalten den Forderungen des Torwartes entspricht, sie sich seinen Qualitäten anpaßt und mit ihm zusammen einen schwer zu überwindenden Abwehrblock bildet.

Die Harmonie zwischen Abwehr und Torwart kann nicht von der Abwehr ausgehen. Entscheidend dafür ist der Torwart, der mit dem notwendigen Geschick dafür sorgen muß, daß die Einheit der Abwehr erhalten bleibt bzw. immer wieder hergestellt wird. Dazu gehören sachdienliche Absprachen mit den Abwehrspielern im Training und während des Spiels und das sachliche Diskutieren von Torsituationen und hingenommenen Toren. In diesem Zusammenhang geht es auch um das Einverständnis von Fehlern, die sowohl vom Torwart als auch von den Abwehrspielern begangen worden sind. Außerdem können aufmunternde Worte und Gesten zur eigenen Mannschaft bei kritischen Situationen im Spiel von sehr positiver moralischer und „aufrüstender" Wirkung sein. Die beste Bestärkung einer Mannschaft ist jedoch ein guter, stets zuverlässiger und leistungskonstanter Torwart im Spiel und im Training. Er gibt der Mannschaft den nötigen Rückhalt und das erforderliche Selbstvertrauen. „Ein guter Torwart ist die halbe Miete", sagt man.

II. Voraussetzungen des Torwarts

Es ist sehr schwer, allgemein gültige und dennoch konkrete Aussagen über den Idealtyp eines Torwarts zu machen. Dies trifft besonders dann zu, wenn man davon absieht Torwarte nach Alter und Geschlecht zu unterscheiden. Trotz dieser Einschränkung soll hier versucht werden treffende Aussagen zu machen.

Ein erfolgreicher Torwart muß die geforderten körperlichen, psychischen, intellektuellen, technischen und taktischen Voraussetzungen mitbringen. Sie zu analysieren, zu verbessern und das Leistungsvermögen zu erhalten, ist die Aufgabe des Trainers.

1. Die körperlichen Voraussetzungen

Das Abwehrverhalten des Torwarts ist weitgehendst von seinen körperlichen Voraussetzungen abhängig. Seine Gestalt, die konditionellen Fähigkeiten und sein Wahrnehmungs- und Reaktionsvermögen haben ganz entscheidenden Einfluß auf die Leistungsfähigkeit des Torwarts.

a) Gestalt

Körpergröße und Körperfülle, das Gewicht, die Länge der Arme und Beine und die Größe der Hände sind sehr wesentliche körperliche Eignungsmerkmale eines Torwartes. Sie sind zum einen mitverantwortlich für dessen Beweglichkeit und motorische Schnelligkeit, zum anderen geben sie einen sehr wertvollen Hinweis auf das Ausmaß der dem Torwart zur Verfügung stehenden Deckungsfläche.

Um Hinweise und Anhaltspunkte für ideale körperliche Maße und Verhältnisse von Torwarten zu finden, muß man sich an den höchsten Spielklassen und Nationalmannschaften orientieren. Für die Spieler solcher Mannschaften werden die folgend aufgeführten Maße gefordert:

Größe   185–188 cm
Gewicht   80–83 kg
Spannweite der Arme   196–200 cm
Spannweite der Hände   24–26 cm

Die genannten Maße sind Forderungen, die natürlich von der großen Masse der Torhüter nicht erfüllt werden. Es ist doch vielmehr so, daß beim einzelnen individuell ganz verschieden ausgeprägte Abweichungen vorhanden sind, die entweder Einschränkung oder auch Vorteil für sein technisch-taktisches Verhalten bedeuten.

Aus dieser Tatsache ergeben sich für den Trainer zwei für den Werdegang eines Torwarts sehr entscheidende Aufgaben:
1. Die exakte Feststellung der körperlichen Anlagen und Beschaffenheit des zu betreuenden Torwartes.
2. Das Umsetzen der gewonnenen Erkenntnisse in die Trainingspraxis, das heißt das Abstellen und Anpassen von Ausbildung und Schulung an diese vorgegebenen individuellen physischen Merkmale.

b) Kondition

Die Kondition des Torwarts darf unter keinen Umständen hinter der der anderen Spieler der Mannschaft zurückstehen. Von besonderer Bedeutung ist das Ausdauervermögen des Torwarts, der über die ganze Spielzeit nicht nur unter physischer, sondern auch unter einer sehr hohen psychischen Belastung steht. Sein Durchhaltevermögen und seine Konzentration dürfen zum Spielende hin nicht nachlassen. Bei der gesamten Schulungsarbeit ist dieser Aspekt nicht außer acht zu lassen.

Es werden außerdem Kraft, Schnelligkeit, Beweglichkeit und Gewandtheit im speziellen Sinne gefordert. Vergleichswerte zwischen den Anforderungen an einen Torwart und denen an die Mitspieler sind aus den auf Seite 13 aufgeführten Tests zu ersehen. Diese Tests sind für Spieler höherklassiger Mannschaften zusammengestellt worden.

Tests für rumänische Liga- und Nationalspieler

Die angegebenen Werte sind Mindestleistungen. Sie sind aufgegliedert nach Torwart (Tw), Außenspieler (LA/RA), Kreisspieler (K) und Rückraumspieler (R).

Tests	Positionen			
	Tw	LA/RA	K	R
50-m-Sprint Hochstart. Zeitnahme beim Überlaufen der Startlinie.	6,4 sec	6,2 sec	6,3 sec	6,3 sec
Weitsprung aus dem Stand Gemessen wird von der Absprunglinie bis zur Ferse.	2,65 m	2,65 m	2,65 m	2,65 m
Cooper-Test Nach 12 Minuten wird die durchlaufene Strecke gemessen.	3,2 km	3,4 km	3,3 km	3,3 km
Klimmzüge Kinn muß über der Stange sein.	12 mal	13 mal	14 mal	13 mal
Rumpfheben aus der Rückenlage Rückenlage, Hände im Nacken, Beine werden festgehalten. Belastungszeit: 30 sec	25 mal	25 mal	25 mal	25 mal
Rumpfbeugen vorwärts Proband steht auf einem Tisch. Fußspitzen schließen mit Tischkante ab. Fußsohle hat die Höhe von 50 cm. Gemessen wird die tiefste Stellung der Fingerspitzen beim Rumpfbeugen. Beispiel: 60 cm = 50 cm Fußhöhe + 10 cm unter Tischkante	60 cm	55 cm	55 cm	55 cm
5 mal 30-m-Sprint Nach jedem Lauf 30 sec Pause. Durchschnitt wird angegeben.	4,2 sec	4,2 sec	4,2 sec	4,2 sec
Handballweitwurf 3 Schritte Anlauf, Stemmschritt. 3 Versuche.	47 m	50 m	50 m	50 m
Prellen über 30 m Zeitnahme beginnt mit der ersten Bodenberührung des Balles.	—	4,3 sec	4,4 sec	4,4 sec

13

c) Optisches Wahrnehmungsvermögen

Der Torwart braucht ein „schnelles Auge", sagt man. Bei den Anforderungen, die an ihn gestellt werden, kommt dem optischen Wahrnehmungsvermögen eine sehr hohe Bedeutung zu. Für diese Fähigkeit ist gutes Sehvermögen eine wesentliche Voraussetzung. Sehschwäche, Lichtüberempfindlichkeit, Nachtblindheit und die Notwendigkeit eine Brille oder Haftschalen tragen zu müssen, stellen erfolgreiche Torwartleistungen, zumindest auf Dauer, in Frage. Träger von Brillen und Haftschalen sind nicht nur benachteiligt, sie gefährden auch ihre Augen, wenn sie kompromißlos und konsequent Abwehrleistungen vollbringen wollen.

Manches oft unverständliche Versagen eines Torwarts bei Würfen von außen und vom Kreis, sowie bei aufgesetzten Bällen in Hallen mit optisch ungünstigem Bodenbelag, hat seine Ursachen in den bereits erwähnten Beeinträchtigungen. Trainer und Torwarte wissen im allgemeinen nur wenig über diese ursächlichen Zusammenhänge und messen ihnen deshalb zu wenig Bedeutung zu. Bei dem Auftreten der genannten Symptome ist eine ärztliche Untersuchung, vor allem bei Jugendlichen, dringend angeraten.

Neben der Grundvoraussetzung über gute Augen zu verfügen, steht die verbesserungsfähige Begabung „peripher zu sehen", d. h. Geschehnisse wahrzunehmen, die sich am Rande des Gesichtsfeldes abspielen. Für den Torwart ist es wichtig, Situationen, die sich entfernt von dem unmittelbaren Geschehen um den Ball entwickeln, als zusätzliche Information aufzunehmen, mögliche Nachfolgehandlungen vorauszusehen (antizipieren) und eigene Maßnahmen zu planen. Es muß deshalb ein Teil der Torwartschulung sein, die Fähigkeit des peripheren Sehens und die des Antizipierens bewußt zu machen und zu verbessern.

d) Reaktionsvermögen

Alle günstigen körperlichen Voraussetzungen jedoch sind für den Torwart nicht ausreichend, wenn er nicht zusätzlich noch über ein seinen Aufgaben entsprechendes Reaktionsvermögen verfügt. Diese Fähigkeit ist anlagebedingt und nur in geringem Maße trainierbar.

Das **Reagieren** bezieht sich auf folgende Vorgänge:
- Das Erfassen einer Situation.
- Das Wählen der situationsgemäßen Abwehrhandlung, das heißt die Einnahme der richtigen Abwehrstellung und das Erkennen, ob Arm, Bein, Sprung usw. zur Abwehr des Balles notwendig sind.
- Das Umsetzen der gewonnenen Erkenntnis in die Bewegung, das heißt das Vollziehen der eigentlichen Abwehrhandlung.

Diese Teilvorgänge schmelzen bei einem guten Torwart zu Bruchteilen von Sekunden zusammen und lassen als komplexen Vorgang die resultierende Abwehrhandlung entstehen. Je schneller sich dieser Gesamtablauf vollzieht, desto besser ist die Reaktion des Torhüters. An dieser Stelle auf wissenschaftliche Untersuchungen über Reaktionszeiten und deren Abhängigkeiten und

Zusammenhänge einzugehen, würde den Rahmen dieses Buches überschreiten. Deshalb sei nur so viel gesagt, daß komplizierte Bewegungsabläufe längere Reaktionszeiten zur Folge haben, als einfachere motorische Vorgänge, wie zum Beispiel eine Fuß-, Hand- oder Körperbewegung in der Richtung zum Ball. Für die Reaktion eines Torwartes sind somit schnelles, optisches und situatives Auffassen und das Abrufen von Maßnahmen, die auf einem sehr hohen Maße von Erfahrung beruhen, von ausschlaggebender Bedeutung. Als Grundvoraussetzung allerdings ist ein gutes, angeborenes (physiologisches) Reaktionsvermögen gefordert, das, weil eben anlagebedingt, nur in ganz geringem Umfange trainierbar ist. Es ist möglich, durch die Verbesserung der speziellen konditionellen Fähigkeiten und des technisch-taktischen Verhaltens, mangelndes Reaktionsvermögen bis zu einem gewissen Grade auszugleichen.

2. Psychische Voraussetzungen

Neben den körperlichen Voraussetzungen sind die psychischen Gegebenheiten beim Torwart von ganz besonderer Bedeutung. Der Torwart sollte eine Persönlichkeit sein, der es gelingt, der eigenen Mannschaft den nötigen Rückhalt im Spiel zu geben und die Gegner beim Werfen auf sein Tor zu verunsichern. Die von ihm geforderte psychische Stabilität verlangt eine Reihe von Eigenschaften und Fähigkeiten, die seine Torwartpersönlichkeit ausmachen und sein erfolgreiches Wirken garantiert.

a) Die Einstellung zu seiner Aufgabe im Training und im Spiel

Der Torwart muß ein Kämpfertyp sein, ein Draufgänger, dessen Verhalten von ausgeprägter Spiel- und Kampfesfreude getragen wird. Es muß ihm Spaß machen, und er muß darauf brennen, sich der Auseinandersetzung mit den Angriffsspielern zu stellen, die von ihm und den Angreifern technisch und taktisch geführten Zweikämpfen durchzustehen und möglichst als Sieger zu überstehen. Mißerfolge dürfen ihn dabei nicht negativ beeinflußen. Gegen ihn geworfene Tore, und wenn sie noch so unglücklich für ihn waren, muß er verkraften können, ohne daß seine Konzentration auf die nächste Abwehrhandlung nachläßt. Seine Einsatzbereitschaft und sein Einsatzwille im Training und im Spiel sind mitentscheidend über den Erfolg und die Fortentwicklung der Mannschaft, sie tragen darüberhinaus zur Steigerung seiner eigenen Leistungen bei.

b) Zum Mutverhalten

Jedes Spiel liefert die Bestätigung dafür, daß nur ein mutiger Torwart den Abwehraufgaben, die wörtlich genommen „auf ihn zukommen", gewachsen ist. Die oft doch aus sehr kurzer Entfernung und sehr hart geworfenen Bälle und die ihm entgegenspringenden Werfer verlangen von ihm Härte gegen sich selbst und den Mut zu körperlichem Einsatz und Risiko. Dieses Mutverhalten muß so weit gehen, daß er ohne Zögern dem Ball bedingungslos entgegengeht und versucht, ihn mit allen Teilen seines Körpers, wenn es sein muß auch mit dem Kopf, abzuwehren. Sein Mut muß auch so weit gehen, daß er sich trotz der ihm bewußten drohenden Gefahr des Zusammenprallens dem in den Torraum springenden Angreifer entgegenstellt.

Trotz allen Mutes ist die Angst beim Torwart sehr häufig mit im Spiel. In bestimmten Situationen treten Angstreaktionen auf, die entweder instinktiv und unbewußt ablaufen oder sich als Folge erlittener Verletzungen ergeben. Eine Reihe von Angstreaktionen, die als solche nicht immer zu erkennen sind und die zweifellos die Abwehrleistung des Torwarts beeinträchtigen, werden im folgenden aufgeführt:

- Vorzeitiges Verlassen einer Position nach der Seite
- Abdrehen des Oberkörpers und des Gesichtes
- Schließen der Augen
- Vorzeitiges Abdecken des Gesichtes mit den Händen
- Vorzeitiges, unmotiviertes Herauslaufen, das unwillkürlich zum Überwerfen führt
- „Spekulieren", bei dem versucht wird, den Ball mit weniger empfindlichen Körperteilen (Arme und Beine) zu erreichen, bevor er den Körper trifft

Diese meist unbewußt erfolgenden Angstreaktionen werden vom Torwart nur selten erkannt und schon gar nicht als derartige Symptome zugegeben. Dagegen wird häufig versucht, vor sich und anderen, eine Vielzahl von Entschuldigungen und Erklärungen zu finden. Es ist die Aufgabe des Trainers die Ursachen für solches Fehlverhalten zu suchen und diese im Bereich der psychischen Betreuung zu beheben.

Ein Spieler, der seiner Angst nicht Herr wird oder diese nicht verdrängen kann, ist als Torwart nicht geeignet.

c) Psychische Überlegenheit

Durch seine Wirkung als Persönlichkeit und mit Hilfe seiner psychischen Überlegenheit hat der Torwart die Möglichkeit sowohl die eigene Mannschaft als auch den Gegner entscheidend zu beeinflußen. Durch sein überlegen wirkendes Verhalten bei all seinen Aktionen läßt er deutlich erkennen, daß er sich allen Situationen gewachsen fühlt und dadurch die Gegenspieler immer wieder verunsichert. Für einen Torwart ist ein guter Ruf, den er sich aufgebaut hat, von eminenter Bedeutung im Hinblick auf das Wurfverhalten der Angreifer. Je bekannter die guten Leistungen eines Torwarts sind desto mehr ist der Werfer psychischen Belastungen ausgesetzt, die häufig Fehlwürfe zur Folge haben. Die gleiche Wirkung erreicht der Torwart übrigens auch durch ein wenig Schauspielerei, die auch beim Fintieren von Vorteil ist.

3. Lernfähigkeit

Die außergewöhnliche körperliche und psychische Belastung verlangt vom Torwart ein hohes Maß an Auffassungsgabe, Merkfähigkeit, Lernbereitschaft und verfügbarer Speicherfähigkeit. Er muß in der Lage sein, systematisch an der Verbesserung seines technisch-taktischen Verhaltens zu arbeiten. Dabei muß er die Fähigkeit besitzen eigene Bewegungsabläufe sich bewußtzumachen, ihren Erfolg oder Mißerfolg abzuwägen und letzteren zielgerichtet und präzise zu korrigieren. Dazu gehört die Fähigkeit, erlebte Situationen und die auf sie erfolgten Reaktionen zu speichern, um bei ähnlichen, neu auftretenden Vorgängen die bewährten Maßnahmen abrufen und anwenden zu können. Dies gelingt nur bei Torhütern, die mit hoher spielpraktischer Intelligenz ausgestattet sind und die in der Lage sind über Bewegungsabläufe nachzudenken. Die Bereitschaft, Anregungen und Verbesserungsvorschläge aufzugreifen und zu erproben, ist zwar für einen Torwart nicht immer selbstverständlich, für seine Fortentwicklung jedoch unerläßlich.

III. Analyse des Torwarts durch den Trainer

Es ist eine Frage, wo die Arbeit eines Trainers mit dem Torwart einsetzen soll. Wenn es um die Ausbildung eines Anfängers geht, so ist es notwendig, dessen körperliche Voraussetzungen herauszufinden, eine Prognose über die Eignung zu stellen und dann systematisch auf eine Ausbildung hinzuarbeiten. Dabei müssen die Grundlagen der Kondition, Technik und Taktik gelegt werden, die dann in der Schulung planmäßig verbessert werden.
Die Arbeit mit dem Torwart einer Leistungsmannschaft kann ebenfalls nur auf der Basis einer exakten Analyse vollzogen werden. Über die sorgfältige Beobachtung während mehrerer Spiele und Trainingsstunden müssen die individuellen Verhaltensweisen, Eigenheiten, Vorzüge und Nachteile des Torwarts festgestellt und ihre Bedeutsamkeit und Auswirkungen auf das erfolgreiche Torwartspiel gewichtet werden. In langfristigen, planvollen und mit dem Torwart abgesprochenen Programmen ist die Verbesserungsarbeit zu betreiben. Bei diesem Prozeß sollte sich der Trainer davor hüten, den persönlichen Stil des Torwarts von Grund auf zu verändern.

Die praktische Schulung des Torwarts

Der Torwart hat wie die Spieler Abwehr- und Angriffsaufgaben zu erfüllen. Als der letzte Mann der Abwehr und der erste Mann des Angriffs ergeben sich für ihn im Verlauf eines Spiels nacheinander ablaufende und sich ständig wiederholende komplexe Spielhandlungen (siehe Schema), die der Torwart erst nach intensiver konditioneller und technisch-taktischer Schulung situationsgerecht durchführen kann.

Verschieben

Stellen
Abwehrstellung einnehmen

Abwehren

Sichern

Passen
Angriff einleiten

I. Übungsbeispiele zur Verbesserung der Kondition

Abb. 1
Wippen in sehr weiter Schrittstellung.
Der vordere Fuß setzt mit der Ferse
auf.

Abb. 2
Aus sehr weiter Grätschstellung zügiges und tiefes Kniebeugen links und
rechts

Abb. 3
B setzt den rechten Fuß auf dem
Gesäß von A auf. A bewegt sich solange langsam vorwärts bis B „Halt" ruft.

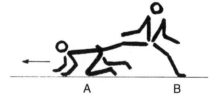

A   B

Abb. 4
Grätschsitz, Handfassung, Fußsohlen
gegeneinander:
a) Abwechselndes Vor- und Rück-
   beugen
b) Rumpfkreisen (Kopf berührt den
   Boden)

Abb. 5
Hocksitz, Fußsohlen gegeneinander, Handfassung: Strecken der Beine zwischen den Armen und außerhalb der Arme ohne Bodenberührung der Füße.

Abb. 6
Wechsel vom Hürdensitz rechts in den Hürdensitz links
a) durch die flüchtige Bauchlage
b) durch den flüchtigen Grätschstand

Abb. 7
Schneller Wechsel zwischen Bauchlage mit Handklatsch hinter dem Rücken und Liegestütz vorlings.

Abb. 8
Bauchlage, Handball liegt rechts neben der Hüfte. Hochdrücken in den flüchtigen Liegestütz vorlings, Ball unter dem Körper nach links rollen, Bauchlage und gegengleich weiterüben.

Abb. 9
Im Liegestütz vorlings den Handball in schneller Folge hochwerfen und mit der anderen Hand fangen.

Abb. 10
Im Liegestütz vorlings abheben auf die Fingerspitzen. 6 Sekunden halten.

Abb. 11
Fortgesetztes Händeklatschen vor dem Becken und über dem Kopf.

Abb. 12
Schneller Wechsel zwischen Schlag- und Seithalte der Arme. In der Schlaghalte sind die Hände zur Faust geballt, in der Seithalte die Finger weit gespreizt.

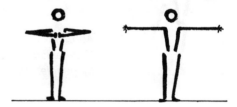

Abb. 13
Medizinball (Handball) wird in Brusthöhe gehalten. Seitschlagen der Arme mit weitgespreizten Fingern, den Ball nach möglichst geringer Fallhöhe wieder fangen.

Abb. 14
Vorspreizen links, tiefes Kniebeugen rechts und wieder strecken.

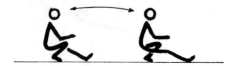

Abb. 15
Wechselhüpfen: Kniebeugen rechts, Vorstellen links (gegengleich), „Kosakentanz".

Abb. 16
Wechselhüpfen: Kniebeugen rechts, Seitspreizen links (gegengleich).

Abb. 17
Hochreißen des linken Knies zum linken Ellenbogen (gegengleich).

Abb. 18
Seitspreizen links zur linken Hand (gegengleich).

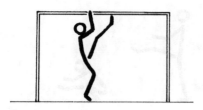

Abb. 19
Griff an der Torlatte. Spreizen mit dem Innenbein zur Torlatte.

Abb. 20
Nach 2 Schlußsprüngen „Hampelmann".

Abb. 21
Nach 2 kurzen Vorwärtsschritten
Grätschwinkelsprung.

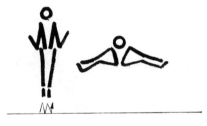

Abb. 22
Nach 2 Schlußsprüngen Grätschwinkelsprung.

Abb. 23
Aus dem Knieliege-
stütz mit angehockten
Beinen Umspringen
auf den rechten und
linken Oberschenkel.

Abb. 24
Durch den flüchtigen
Kniestand wechsel-
weises Absitzen auf
den linken und rech-
ten Oberschenkel.

23

Abb. 25
Aus dem Sitz durch die Bauch-
lage wieder in den Sitz. Die
gestreckten und geschlossenen
Beine kreisen um das Becken.

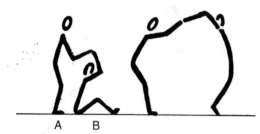

A   B

Abb. 26
B erhebt sich mit Hilfe von A in
den Stand mit weitem Rumpf-
beugen rückwärts.

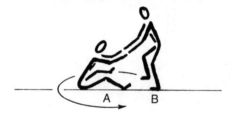

A   B

Abb. 27
B bewegt sich unterwindend
um A in die Ausgangsstellung
zurück ohne dabei den Griff zu
lösen.

Abb. 28
Die Partner reichen sich die
Hände. Übersteigen der Arme
von außen und der gleichen
Seite, ganz Drehung mit Unter-
winden ohne den Griff zu lösen.

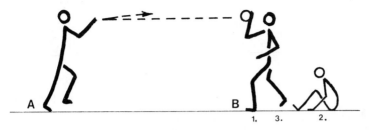

Abb. 29
Nach jedem Paß zu A bewegt sich B durch den flüchtigen Sitz wieder in den Stand.

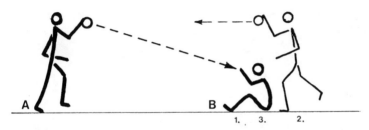

Abb. 30
B nimmt den Ball im Sitz an und paßt im Stand.

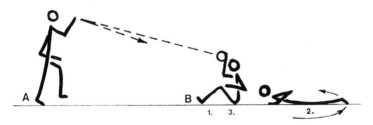

Abb. 31
Nach jedem Paß zu A geht B durch die flüchtige Bauchlage wieder in den Sitz. Die geschlossenen Beine beschreiben dabei nach links und rechts im Wechsel einen Kreis um das Becken.

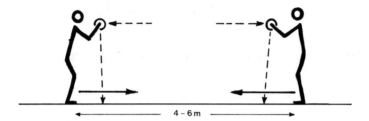

Abb. 32
Die Partner spielen sich fortlaufend die Bälle zu, legen sie am Boden ab und laufen zur Gegenseite.

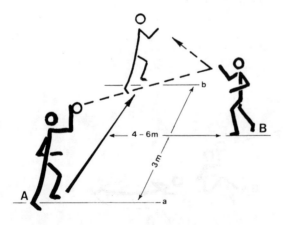

Abb. 33
A paßt zu B, läuft zur Linie b, wird von B angespielt, paßt zu B zurück, läuft zur Linie a ... usw.

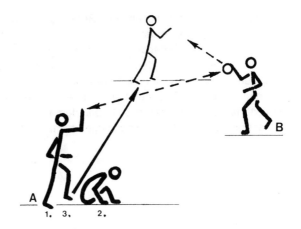

Abb. 34
A wird von B angespielt, paßt zu B zurück, geht in den flüchtigen Sitz, läuft zur Linie b . . . usw.

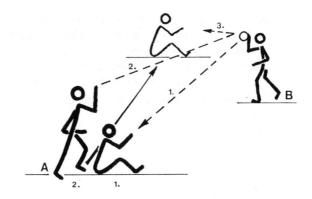

Abb. 35
A wird im Sitz von B angespielt, paßt im Stand zu B zurück, läuft zur Linie b . . . usw.

Vor dem Eingehen auf die weiteren Bereiche der Abwehrschulung des Torwarts sei darauf hingewiesen, daß es sehr schwierig ist, technisches und taktisches Verhalten streng voneinander zu trennen. Abwehrhandlungen des Torwarts sind komplexe Vorgänge, bei denen sich technisches und taktisches Verhalten sowie individuelle Gegebenheiten einander bedingen und in enger Wechselbeziehung zueinander stehen. Trotz des Versuchs, Abwehrtechnik und -taktik des Torwarts isoliert darzustellen, lassen sich bei den folgenden Ausführungen aus den genannten Gründen Überschneidungen nicht vermeiden.

II. Schulung des technisch-taktischen Abwehrverhaltens

1. Die technische Schulung

Die technische Schulung hat das Erlernen und Verbessern von speziellen Fertigkeiten und Bewegungsabläufen zum Ziel. Sie wird überwiegend in individuellem Training vollzogen, bei dem der Trainer mit einem oder auch mehreren Torleuten zusammen übt. Selbstverständlich ist es notwendig, daß der Torwart auch in das Training der Gruppe und der Mannschaft mit einbezogen wird.

Die **Abwehrtechnik** umfaßt die folgenden Bereiche:
- Die Grundstellung
- Die Abwehr hoher Bälle
- Die Abwehr halbhoher Bälle
- Die Abwehr flacher und aufgesetzter Bälle

a) Die Grundstellung

In der Grundstellung nimmt der Torwart eine abwehrbereite Haltung ein, bei der er sich noch nicht auf eine bestimmte Abwehrbewegung festgelegt hat. Das Körpergewicht ist auf den vorderen Teil der Füße verlagert. Die Knie sind leicht gebeugt, der Oberkörper ist aufgerichtet. Die Arme sind angewinkelt, die Handinnenflächen zeigen nach vorne. Die Armhaltung ist individuell verschieden. Die Arme können nach unten (Abb. 36) oder nach oben (Abb. 37) angewinkelt werden. Die Armhaltung, wie sie in Abb. 37 zu sehen ist, hat den Vorzug, daß bei hohen Bällen die Arme schneller nach oben gebracht werden können und bei der Abwehr halbhoher Bälle eine bessere Arm-Bein-Koordination möglich ist.

Abb. 36

Die Ellenbogen zeigen nach unten. Die Hände werden etwa in Schulterhöhe gehalten.

Abb. 37

Die Ellenbogen sind bis auf Schulterhöhe angehoben, die Hände werden in Kopfhöhe gehalten.

Der Torwart bewegt sich in seitlicher Richtung auf einer Aktionslinie zwischen den Torpfosten. Diese vom Spielgeschehen bestimmte Seitwärtsbewegung geschieht durch kurzschrittiges und schleifendes **Nachstellen** der Füße, die während dieses Bewegungsablaufes möglichst parallel zueinander stehen sollen. Die Schrittfolge Rechts-links-an-rechts bzw. Links-rechts-an-links beginnt immer der Fuß, der in der einzuschlagenden Bewegungsrichtung steht (Abb. 38).

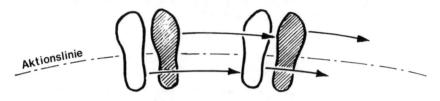

Abb. 38

Natürlich kommt es auch aus taktischen Gründen zu Schrittfolgen nach vorne, bei denen der Torwart die Aktionslinie verläßt.

b) Die Abwehr hoher Bälle

Zur Abwehr hoher Bälle bieten sich folgende Möglichkeiten an:
– Blocken
– Fangen
– Abschlagen
Die jeweilige Maßnahme ist abhängig von der Zielrichtung des Balles. Die Stellung des Torwarts zum Ball spielt dabei eine wesentliche Rolle. Nachstehende Situationen können auftreten:
– Bälle kommen in Richtung des Körpers an
– Bälle kommen in unmittelbarer Nähe des Körpers an
– Bälle kommen körperfern, aber in Richtung Tor an
Grundsätzlich reagiert der Torwart bei der Abwehr von Würfen, die auf den Körper oder in dessen unmittelbare Nähe gerichtet sind, in folgender Weise:
– Er bleibt stehen und blockt mit dem Körper
– Er versucht den Ball zu fangen
– Er versucht den Ball nach unten abzuschlagen
Bei körperfernen Würfen wird das ballnahe Bein seitlich ausgestellt. Gleichzeitig mit dem Abheben dieses Beines wird der zielnahe Arm mit in die gefährdete Torecke gebracht.
Das Körpergewicht wird nach dem Ausstellen voll auf das ballnahe Bein verlagert (Fuß parallel zur Torlinie). Hierbei wird das ballferne Bein entlastet und vom Boden abgehoben. Durch dieses Be- und Entlasten der Beine gelingt es, den Oberkörper in die bedrohte Ecke zu bringen (Abb. 39–40).

Abb. 39

Abb. 40

Übungsbeispiele

1. Tw steht im Tor. Abwehr von leicht geworfenen Bällen unter Beachtung der Schrittfolge und Be- und Entlastung der Beine mit gleichzeitigem Hochreißen des zielnahen Armes. Die Torecke ist vorgegeben.
2. Wie 1. Abwehr jetzt mit beiden Armen.
3. Wie 1. jedoch mit stärkerem Wurf. Abwehr erfolgt mit Hilfe eines Sprunges.
4. Wie 3. Abwehr erfolgt mit Hilfe eines Sprunges.
5. Tw in Grundstellung in der Tormitte. Bewegung durch einen Schritt nach vorne in die flüchtige Hockstellung. Abwehr hoher Bälle aus der Hockstellung. Die Bälle werden geworfen, wenn Tw die Hockstellung gerade eingenommen hat (Abb. 41).
6. Tw in Grundstellung in der Tormitte. Abwehr hoher Bälle durch Spreizen der Beine und Arme im Sprung (Hampelmann). Abwehr der Bälle nur mit einem Arm. Torecke wird nicht vorgegeben (Abb. 42).

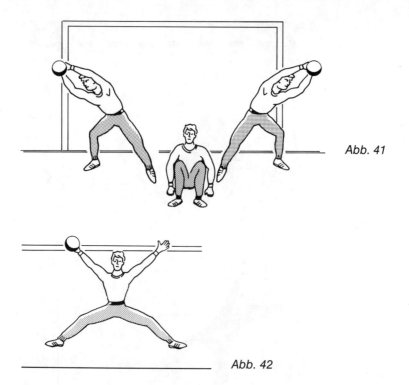

Abb. 41

Abb. 42

c) Die Abwehr halbhoher Bälle

Für körperferne Würfe ergeben sich 3 Abwehrmöglichkeiten:

1. Aus der Grundstellung heraus macht der Torwart einen Ausfallschritt. Er setzt das ballnahe Bein so wie bei der Abwehr hoher Bälle und wehrt den Ball mit dem zielnahen Arm ab (Abb. 43).

Abb. 43

Diese Abwehr setzt voraus, daß der Torwart mit den Armen gut blocken kann, weil nach dem Setzen des Beines eine Ortsveränderung nicht mehr möglich ist.

2. Aus der Grundstellung heraus wird das ballnahe Bein angewinkelt in die bedrohte Ecke gerissen. Der ballnahe Arm wird zur Sicherung in Richtung Ball gebracht. Dabei ist darauf zu achten, daß der Arm **vor** das Knie gezogen wird (Abb. 44).

Abb. 44

Die Zuhilfenahme des zweiten Armes bringt wie bei der Abwehr hoher Bälle auch bei der Abwehr halbhoher Bälle mehr Sicherheit. Der Grundsatz „viel Körper hinter den Ball" kommt hierbei wirkungsvoll zur Geltung.

3. Aus der Grundstellung heraus erfolgt eine explosive Spreizbewegung des ballnahen Beines. Der zielnahe Arm wird zu Hilfe genommen. Der Unterschied zum vorherigen Beispiel liegt darin, daß die Haltung des ballnahen Beines verändert ist (Abb. 45 u. 46).

Abb. 45

Abb. 46

Übungsbeispiele

1. Tw in Grundstellung. Abwechselndes Hochreißen und Senken der gebeugten Beine. Der Beugewinkel des Kniegelenkes beträgt ca. 90°. Mit dem Heben des jeweiligen Beines wird zu gleicher Zeit der gleichseitige Unterarm **vor** das gebeugte Knie gebracht (Abb. 47).

Abb. 47

2. Tw in Grundstellung. Hände in Kopfhalte. Abwehr halbhoher Bälle durch Hochreißen des ballnahen Beines. Nur Beinreaktion auf Bälle, die nach der Seite in verschiedener Höhe geworfen werden.

34

3. Tw in Grundstellung in der Tormitte. Abwehr halbhoher Bälle nach den drei vorgegebenen Möglichkeiten (Abb. 48, 49 u. 50)

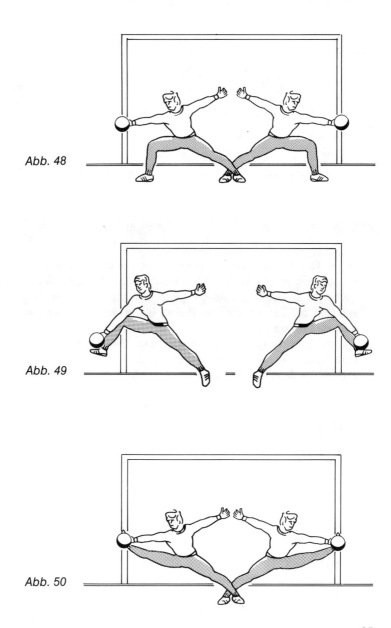

Abb. 48

Abb. 49

Abb. 50

4. Tw in Grundstellung. Absprung aus dem Stand mit Spreizen der Beine und Führen der Arme vor die Beine.
5. Tw in Grundstellung. Nach einem Schritt vorwärts, aus der Hockstellung heraus, Abwehr von scharf und halbhoch geworfenen Bällen (Abb. 52).

Abb. 51   *Abb. 52*

6. Tw in Tormitte. Aus dem Wippen in der Hockstellung Sprung zur Abwehr scharf geworfener Bälle bei Anwendung der angegebenen Möglichkeiten.
7. Vorherige Übungen mit Ausgangsstellung am Torpfosten. Weites Heraus-springen bei der Abwehr von Bällen, die in die entgegengesetzte Torecke geworfen werden.
8. Tw im Streckhang an den Ringen. Die Beine sind leicht geöffnet, die Fußspitzen berühren gerade noch den Boden. Halbhoch geworfene Bälle werden mit den Beinen abgewehrt (Abb. 53).

Abb. 53

d) Die Abwehr flacher und aufgesetzter Bälle

Bei der Abwehr flach geworfener und aufgesetzter Bälle werden im wesentlichen zwei Grundtechniken angewandt
- Viel Körper hinter den Ball
- Hürdensitz bzw. Spagat

Bei der Anwendung der Technik „Viel Körper hinter den Ball" erfolgt aus der Grundstellung heraus ein Ausfallschritt des zielnahen Beines in Richtung Ball. Der Fuß ist parallel zur Torlinie gerichtet. Bei diesem „Beinstellen", das meistens nur durch einen Sprung möglich ist, darf die endgültige Fußstellung nicht außer acht gelassen werden.

Wenn das Bein gestellt ist, erfolgt dessen Beugung zu einem Winkel von ca. 100°. Gleichzeitig wird der zielnahe Arm vor das gebeugte Bein geführt. Der Oberkörper wird nachgezogen. Auf diese Weise bilden Bein, Arm und Oberkörper zusammen eine breite Abwehrfläche. Um diese sicher abdecken zu können, ist es empfehlenswert, das ballferne Bein und den ballfernen Arm zur Ballseite hin nachzuziehen (Abb. 54 u. 55).

Beim Abwehren durch den **Hürdensitz** oder **Spagat** wird aus der Grundstellung heraus das zielnahe Bein flach am Boden zum Ball hin „ausgefahren". Das Ausfahren geschieht mit Hilfe einer besonders raumgreifenden Spreizbewegung des abwehrenden Beines, dessen Fußspitze nach oben gerichtet ist, so daß der Fuß etwa parallel zum Torpfosten steht. Diese Abwehrbewegung soll bis in den Hürdensitz auslaufen. Das Abdrücken zum Hürdensitz erfolgt durch das zielentfernte Bein. Der zielnahe Arm wird parallel über das gestreckte Bein gebracht, während der Rumpf der Abwehrrichtung des Armes folgt (Abb. 56 u. 57).

Abb. 54

Abb. 55

Abb. 56

Abb. 57

Welche der beiden beschriebenen Abwehrtechniken der Torwart anwendet, hängt von seinen konditionellen und konstitutionellen Gegebenheiten ab. „Fertige" Torwarte, also Torwarte mit bereits fest eingeschliffenen Abwehrbewegungen, sollen nicht mehr umgeschult werden. Umlernen ist ein schwieriger und zeitraubender Prozeß, der häufig Leistungsminderung zur Folge hat.

Bei der Abwehr von **aufgesetzten** Bällen hängt die zu wählende Maßnahme davon ab, wie weit der Aufsetzpunkt des Balles vom Standort des Torwarts entfernt ist. Dabei ist das Allgemeinziel, den Ball bereits beim Auftreffen auf den Boden oder unmittelbar danach zu erreichen und zu „töten". Zur Absicherung gegen eventuelles Überspringen des Balles nimmt der Torwart den ballentfernten Arm zu Hilfe.

Übungsbeispiele

1. Tw in Hockstellung in Tormitte, die Arme umfassen die Unterschenkel. Abwehr von scharf und flach in die Torecken geworfenen Bällen. „Ausfahren" zum Hürdensitz bei gleichzeitiger Sicherung durch den zielnahen Arm (Abb. 58).

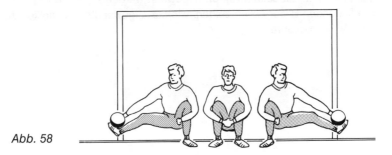

Abb. 58

2. Tw in Hockstellung in Tormitte. Die Hände berühren den Boden neben den Füßen. Aufrichten aus der Hockstellung und Abwehr scharf geworfener Bälle. Anwendung beider Techniken (Abb. 59).

Abb. 59

3. 6–8 Spieler bilden einen Kreis. Tw in Kreismitte. Abwehr durch den Kreis gerollter Bälle. Anwendung beider Techniken.
4. Gleiche Abwehr aus der Grundstellung des Tw in Tormitte.
5. Tw steht vor linkem/rechtem Torpfosten, Hände am Pfosten. Abwehr flach in die rechte/linke Torecke geworfener Bälle.
6. Fußballspiel mit dem **Innenfuß** an die Wand oder zueinander. Es geht hierbei nur um die Verbesserung der Fußstellung.

e) Das Abwehren von Bällen, die auf den Oberkörper treffen

Bei den vorgenannten Techniken zur Abwehr hoher, halbhoher und flacher Bälle wurde davon ausgegangen, daß die Bälle seitlich vom Körper ankommen. Sehr oft jedoch kommen die Bälle direkt zum Körper des Torwarts. Diese Bälle müssen zwangsläufig mit dem Rumpf abgewehrt werden. Bälle, die auf den Hals-Schulter-Bereich gerichtet sind, müssen durch eine Bewegung mit der Schulter abgewehrt werden.

Weibliche Torwarte sollten so geschult werden, daß Bälle, die auf den Oberkörper gerichtet sind, mit beiden Armen abgewehrt werden.

Die folgenden Bilder sollen zeigen, wie die angewandten Techniken zum Erfolg oder Mißerfolg führen.

Falsch

Das zielnahe Bein ist nicht gestellt.

Abb. 60

Falsch

Arm-Bein-Koordination ist schlecht.

Abb. 61

Richtig

Arm-Bein-Koordination ist gut.

Abb. 62

Richtig

Richtige Abwehrhaltung in Richtung des ankommenden Balles.

Abb. 63

Richtig

Körperblock im Sprung.

Abb. 64

Richtig

Bereits durch Sprung abgewehrter Ball.

Abb. 65

Falsch

Sprung bei flach geworfenem Ball.

Abb. 66

Falsch

Falsche Abwehrtechnik bei halbhoch geworfenem Ball.

Abb. 67

Richtig

Körper befindet sich voll hinter dem Ball.

Abb. 68

f) Die Abwehr von Hebern

Ein Spieler wird dann einen Heber ansetzen, wenn der Tw weit vor seinem Tor steht oder sich in der Vorwärtsbewegung befindet. Diese Situation ergibt sich vor allem nach Winkelverkleinerung zur Abwehr eines Torwurfes am Kreis und beim 7-m-Wurf. Die Abwehr von Hebern erfordert vom Tw in erster Linie Sprungkraft. Er wehrt einen Heber dadurch ab, daß er im Rückwärtslaufen im günstigsten Zeitpunkt zum Sprung ansetzt und versucht den Ball abzuwehren. Hierbei kommt es zu einer leichten Körperstreckung nach hinten. Dies ist die Regel. Es kann jedoch auch vorkommen, daß der Tw sich weit vom Tor entfernt hat und in dieser Position von einem Heber überrascht wird. In einer solchen Situation ist der Tw gezwungen sich nach hinten seitlich zu bewegen.

Übungsbeispiel:
Der Tw steht auf der Torlinie mit dem Ball in der Hand.
Ein Spieler steht ca. an der 9-m-Linie.
Der Tw spielt diesem Spieler den Ball zu und startet nach vorne.
Der Spieler wirft sofort nach Ballannahme einen Heber auf das Tor.
Der Tw versucht diesen Heber in der vorbeschriebenen Weise abzuwehren.

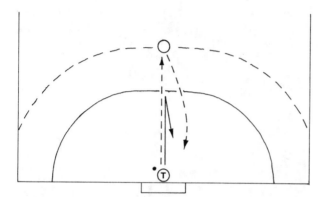

Abb. 69

2. Die taktische Schulung

Im Bereich der taktischen Schulung sollen dem Torwart Anleitungen gegeben werden, wie er unter Berücksichtigung seiner individuellen Gegebenheiten und seiner technischen Fertigkeiten die jeweilige Abwehrsituation möglichst günstig für sich gestalten kann. Durch die Schulung seines Stellungsspiels soll er in die Lage versetzt werden, Würfe aus verschiedenen Richtungen, Entfernungen und Höhen erfolgreich abzuwehren.

a) Grundsätzliches zum Stellungsspiel

Eine Faustregel besagt, daß der Torwart immer dann richtig steht, wenn er den Ball und den Wurfarm des Angreifers sehen und somit den Ansatz zum Wurf und dessen Richtung erkennen kann. Um dieser Forderung zu genügen, ist der Torwart gezwungen seine Stellung zum Ball und zu der vor ihm agierenden Abwehr laufend zu korrigieren und zu verändern. Diese ständige Veränderung seiner Stellung zum gespielten Ball im Angriffsraum und das Einnehmen der endgültigen Abwehrstellung beim Wurf auf das Tor sind aufeinanderfolgende taktische Maßnahmen, deren Gesamtablauf als das **Stellungsspiel** des Torwarts bezeichnet wird.

Während der Stellungsveränderung bewegt sich der Torwart auf einer sogenannten „Aktionslinie", deren Verlauf (Krümmung, Abstand von der Torlinie) von der Größe des Torwarts abhängig ist (Abb. 70).

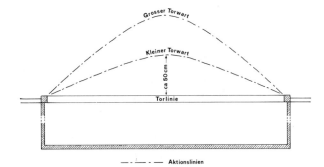

Abb. 70   —·—·—·— Aktionslinien

Bei Torwürfen jedoch ist der Torwart sehr häufig gezwungen diese Aktionslinie zu verlassen, um die der jeweiligen Wurf- und Abwehrsituation entsprechende optimale Abwehrstellung einnehmen zu können.
Eine sehr wesentliche Voraussetzung für ein gutes Stellungsspiel ist die auf viel Erfahrung beruhende Fähigkeit des Torwarts, Angriffsaktionen bereits in ihrer Entwicklung vorauszusehen. Sie gibt ihm die Möglichkeit frühzeitig zu erkennen, wann, woher und wie ein Torwurf zu erwarten ist und wie er darauf zu reagieren hat.

b) Das Stellungsspiel bei der Abwehr von Fernwürfen

Bei Fernwürfen aus **freier** Position des Angreifers steht der Torwart auf dem Schnittpunkt von Aktionslinie und „Winkelhalbierender". Letztere halbiert den dem Angreifer sich anbietenden Wurfwinkel (Abb. 71).
Im folgenden werden zwei Möglichkeiten aufgezeigt, die dem Torwart das Finden der richtigen Abwehrstellung erleichtern sollen:
1. Der Trainer steht in der Nähe der Freiwurflinie und hält in der rechten Hand zwei Gummiseile („Zauberschnüre"). Das eine dieser beiden Seile ist mit seinem Ende hüfthoch an den Torpfosten befestigt, das andere ist dem Torwart um die Hüfte geschlungen. Der Schnittpunkt der Seile, die rechte Hand des Trainers, soll die Position des Balles darstellen.
Der Trainer geht mit den Seilen im Fernwurfraum auf verschiedene Wurfpositionen und läßt, unter seiner Korrektur, den Torwart die der jeweiligen Position entsprechende Abwehrstellung „winkelhalbierend" einnehmen. Auf diese

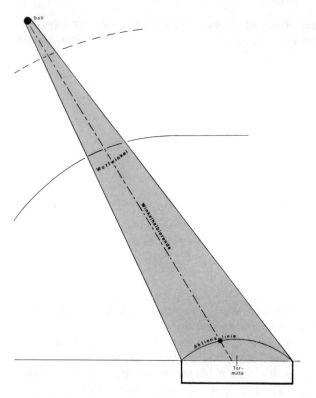

Abb. 71

Weise kann sich der Torwart durch häufiges Üben einprägen, wo er zu stehen hat, wenn der Ball aus bestimmten Positionen auf das Tor geworfen wird (Abb. 72).

Hält ein Spieler die Seile, so hat der Trainer die Möglichkeit im oder hinter dem Tor, also in Blickrichtung des Torwarts, dessen Korrektur und Einweisung vorzunehmen.

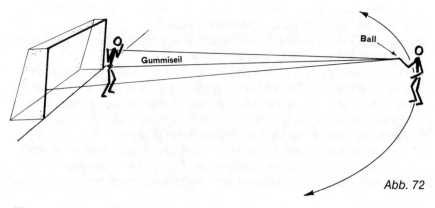

Abb. 72

2. Der Trainer zeichnet maßstabgerecht eine Spielfeldhälfte auf und markiert zu einer Reihe von Wurfpositionen die zugeordneten richtigen Abwehrstellungen des Torwarts. Mit Hilfe dieses „Zeichenspiels" kann dem Torwart das Stellungsspiel für diese Fernwürfe schematisch veranschaulicht werden (Abb. 73).

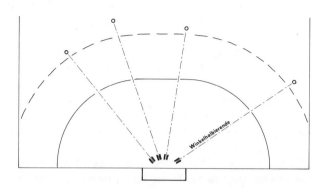

Abb. 73

Bei Fernwürfen aus **gedeckter** Position arbeiten Torwart und Abwehrspieler zusammen. Dieses Zusammenspiel erfolgt soweit als möglich nach dem Grundsatz „der Abwehrspieler deckt die Wurfhandseite". Diese Abwehraufgabe läßt sich jedoch nicht immer erfüllen. In solchen Fällen steht der Torwart in der „Deckungslücke".

Übungsbeispiele
1. Würfe aus freien Positionen
2. Würfe aus gedeckten Positionen
Spiel 5 gegen 4
Der Trainer korrigiert den Torwart ständig in seiner Stellung!

c) Das Stellungsspiel bei der Abwehr von Nahwürfen

Zu unterscheiden sind im Nahwurfbereich Würfe aus
Mittelpositionen
Außenpositionen

Zur Abwehr von Nahwürfen aus Mittelpositionen

Es handelt sich hierbei um Würfe aus Positionen am Wurfkreis, deren Abwehr oft recht schwierig ist. Dem Werfer bietet sich das Tor aus geringer Entfernung mit einer großen Trefffläche an, die der Torwart durch die Verkleinerung des

Wurfwinkels einzuschränken versucht. Er verläßt dazu so rechtzeitig und so weit das Tor, daß er die situationsgemäß günstigste Ausgangsstellung für seine Abwehrhandlung eingenommen hat, bevor der Ball die Hand des Werfers verlassen hat. Nach dieser Aktion hat er die Möglichkeit nach allen Richtungen zu reagieren und kann so vom Werfer nicht „verladen" werden.

Bei frontalen Würfen, z. B. aus dem Gegenstoß oder aus Durchbruchssituationen, kann die Abwehr im Sprung oder aus dem Stand erfolgen.

Sehr viel Erfolg bietet die Abwehr im **Sprung,** die aber nur dann angewandt werden sollte, wenn der Angreifer im Sprung wirft. Auch in diesem Falle geht der eigentlichen Abwehrhandlung Winkelverkleinerung voraus. Beim Wurfansatz des Angriffsspielers muß der Torwart seine Ausgangsstellung erreicht haben. Der Sprung des Torwarts sollte auf jeden Fall erst dann erfolgen, wenn die Wurfbewegungen des Angreifers in die Abschlußphase übergeht. Mit diesem „Nachspringen" erreicht der Torwart, daß der Werfer, der zu diesem Zeitpunkt die Deckungsfläche des Torwarts noch als „klein" wahrnimmt, seinen Torwurf diesem Situationsbild anpaßt. Unmittelbar nachdem der Ball die Hand des Werfers verlassen hat, macht jedoch der Torwart „auf" und vergrößert somit seine Deckungsfläche. Dabei ist zu beachten, daß der Sprung des Torwarts weniger nach oben, als vielmehr nach vorne zur Wurfhandseite gerichtet ist (Abb. 74–79)

Bei der Abwehr von Sprungwürfen im **Stand** verfährt der Torwart nach dem gleichen Prinzip. Er bezieht so rechtzeitig seine Ausgangsstellung, daß er während des Wurfes nicht in der Laufbewegung, also auf dem falschen Fuß, überrascht wird. In der Ausgangsstellung steht er locker und keinesfalls in gestreckter Haltung. Erst wenn der Ball die Hand des Werfers verläßt, erfolgt die Abwehrreaktion in den Ballweg, wobei eine Streckung in Verbindung mit Muskelanspannung vollzogen wird.

Torwürfe aus dem Lauf sollte der Torwart nicht im Sprung abwehren. Er muß erkennen, wann der Werfer zum Wurf ausholt, entsprechend dazu seine Ausgangsstellung einnehmen, den Wurf abwarten und eine der beschriebenen Techniken anwenden.

Bei den Torwürfen aus dem Nahwurfbereich gewinnt oft der psychisch stärkere Spieler. Der Torwart muß lange mit seiner eigentlichen Abwehrreaktion warten können. Zu früh reagieren, d. h. beispielsweise Abwehrbewegungen zu vollziehen, bevor der Ball die Hand des Werfers verläßt, macht es diesem leicht, seinen Wurf zu variieren und sein Ziel zu finden.

Abb. 74

Abb. 75

Abb. 76

49

Abb. 77

Abb. 78

Abb. 79

Bei der Abwehr von Würfen des **Kreisspielers** ist das Folgende zusätzlich zu beachten:

Der Kreisspieler steht in der Regel mit dem Rücken zum Torwart und wirft aus einer Links- oder Rechtsdrehung auf das Tor. Bei solchen Würfen muß der Torwart

– die Wurfhand des Kreisspielers beobachten (Linkshänder, Rechtshänder evtl. Beidhänder)

– das mögliche Anspiel an den Kreisspieler durch den Rückraumspieler beobachten bzw. voraussehen (antizipieren)

– die Drehbewegung des Kreisspielers genau beobachten. Dabei spielt die Stellung der eigenen Abwehrspieler eine Rolle. Die Kreisspieler drehen meist zur Wurfhandseite ab, da die Drehung gegen die Wurfhand von vielen technisch nicht beherrscht wird.

Diese Vorbeobachtungen ermöglichen es dem Torwart, rechtzeitig eine günstige Ausgangsstellung für seine Abwehrhandlung einzunehmen. Dabei spielt das Überraschungsmoment, nämlich das plötzliche „Auftauchen" vor dem sich drehenden Kreisspieler, eine sehr wesentliche Rolle und erleichtert dem Torwart die Abwehr. Durch dieses Torwartverhalten sieht der Kreisspieler nach der Drehung oft nur noch den Torwart und nicht das Tor.

In diesem Zusammenhang sei darauf hingewiesen, daß „knallige" Farben der Torwartkleidung zusätzliche psychologische Wirkung haben können.

Zur Abwehr von Nahwürfen aus Außenpositionen

Die Ausgangsstellung des Torwarts hängt von dessen Körpergröße ab. Unterschiede bei der Fußstellung, Körper- und Armhaltung sind immer wieder auch bei „hochklassigen" Torwarten festzustellen. Die grundsätzliche Lehrmeinung geht dahin, daß der Torwart in der Grundstellung, etwas vor dem Tor an der Innenseite des Pfostens stehen soll. Dabei sind die Füße leicht geöffnet (Öffnung geringer als der Durchmesser des Balles). Der Körper und das pfostennahe Bein sind so zu stellen, daß zwischen Körper und Pfosten ein Torerfolg nicht möglich ist.

Je mehr der Wurfwinkel des Werfers sich vom spitzen Winkel zum 90°-Winkel hin vergrößert, um so mehr muß der Torwart seine Stellung nach vorne, winkelverkleinernd verändern. Dabei ist die Körperbreitseite des Torwarts frontal dem Werfer zugewandt.

Bei Würfen aus spitzem Winkel ist der pfostennahe Arm nach oben angewinkelt. Der Unterarm und die nach vorne gerichtete Handfläche decken die kurze obere Ecke ab und geben gleichzeitig die Möglichkeit, durch rechtzeitige Schutzreaktion, Körpertreffer zu verhindern. Durch diese Armhaltung werden einerseits Angstgefühle des Torwartes eingeschränkt und andererseits der Werfer daran gehindert auf den Kopf zu werfen. Der pfostenferne Arm ist in Hüfthöhe leicht nach oben abgewinkelt. Bei richtiger Anwendung der beschriebenen Grundhaltung können Torerfolge in die kurze Ecke verhindert werden (Abb. 80–83).

Abb. 80

Abb. 81

Abb. 82

Abb. 83

Abb. 84

Abb. 85

Abb. 86   Abb. 87

Würfe aus spitzem Winkel in die lange Ecke wehrt der Torwart im allgemeinen in folgender Weise ab:
Bei hohen Würfen wird der pfostenferne Arm aus der angewinkelten Haltung nach oben in den Ballweg gebracht. Das pfostenferne Bein wird dabei leicht zur Seite ausgestellt. Oberkörper und pfostennaher Arm unterstützen diese Abwehrbewegung. Die anzuwendende Technik variiert (siehe Seite 30 und Abb. 84 u. 85).
Bei der Abwehr von halbhohen Würfen aus einem solchen Winkel gelten für die Anwendung der Technik die Ausführungen von Seite 32 bis 34 und die Abbildungen 86 und 87.
Bei der Abwehr von flach geworfenen Bällen sind für den Erfolg des Torwarts besonders ausschlaggebend
– die angemessene Winkelverkleinerung
– die frontale Stellung des Körpers zum Ball
– die Arm-Bein-Koordination, der für die auf den Seiten 37 und 38 beschriebenen Techniken besondere Bedeutung zukommt.
Die folgenden Abbildungen zeigen angemessenes Abwehrverhalten.

Abb. 88

Abb. 89

Abb. 90

Abb. 91

Besondere Hinweise zum Verhalten des Torwarts bei Würfen von den Außenpositionen

- Wurfhand des Angriffsspielers erkennen und entsprechende winkelverkleinernde Stellung einnehmen.
- Ausgangsstellung einnehmen bevor der Ball die Hand des Werfers verläßt.
- Keine Abwehrreaktion bevor der Ball die Hand des Werfers verlassen hat. Keine übereilten Vor- und Seitwärtsbewegungen, Sprünge und Bewegungen nach unten.
- Wissen um die technischen Fertigkeiten des Angriffsspielers (Wurfvarianten, Sprungvarianten).
- Stellung des/der Abwehrspieler bei der Abwehrmaßnahme mit einbeziehen, das bedeutet, die Möglichkeiten des Angriffsspielers hinsichtlich der Verbesserung des Wurfwinkels, der Wurfvarianten und der Änderung der Wurfrichtung sind eingeschränkt.

d) Das Stellungsspiel bei der Abwehr von 7-m-Würfen

Zur Abwehr von 7-m-Würfen bietet die Regel dem Torwart die Möglichkeit sich bis zu 4 m von der Torlinie nach vorne zu bewegen bzw. zu stellen. Daraus ergibt sich für ihn die Gelegenheit, eine seiner Größe entsprechende günstige Ausgangsposition hinsichtlich der Winkelverkleinerung einzunehmen.
Die Grundstellung ist individuell verschieden. Die Abwehrmaßnahmen sind variabel zu gestalten.

Folgende Grundregeln sind zu beachten:

- Die Ausgangsstellung ist der Größe des Torwarts anzupassen, d. h. die Entfernung zur Torlinie ist so zu bemessen, daß ein Überwerfen nicht möglich ist. Diese Stellung ist durch häufiges Situationstraining herauszufinden.
- Gleichmäßige Belastung der Beine. Das Gewicht ruht auf dem vorderen Teil der Füße.
- Lockere, vorgespannte Haltung des gesamten Körpers.
- Die Arme sind angewinkelt, die Handinnenflächen zeigen nach vorne. Die Höhe der Armhaltung ist individuell verschieden.
- Mit der Abwehrreaktion warten, bevor der Ball die Hand des Werfers verläßt.
- Fintieren, jedoch mit der Maßgabe, dem Werfer nicht von vornherein Vorteile einzuräumen, z. B. durch „Anbieten" einer Torecke.
- Wissen um das Wurfverhalten des 7-m-Schützen, z. B. bevorzugte Torecke.
- Durch selbstbewußtes Verhalten, vor und nach einem abgewehrtem 7-m-Wurf, den Gegner verunsichern.

e) Übungsbeispiele zur taktischen Schulung des Torwarts mit der Mannschaft

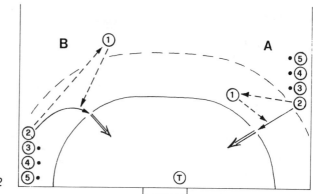

Abb. 92

2 paßt zu 1, erhält im Antritt zum Kreis den Ball zurück und wirft auf das Tor.

Übungsvariationen

a) mit Abwehr von 1 bei A
b) Werfen nur von der linken Außenposition
c) Werfen nur von der rechten Außenposition
d) abwechselndes Werfen von der linken und rechten Außenposition

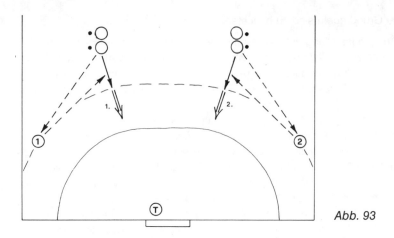

Abb. 93

Die Rückraumspieler werfen abwechselnd nach Anspiel durch den benachbarten Außenspieler auf das Tor.

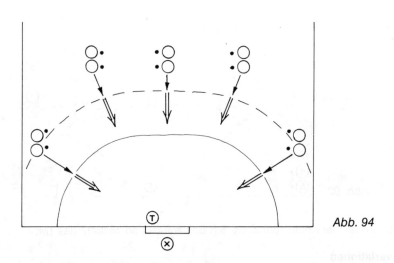

Abb. 94

Die Angreifer werfen nacheinander von den Außen- und Rückraumpositionen auf das Tor:
a) In der Reihenfolge von links nach rechts oder umgekehrt.
b) Nach Armzeichen des Trainers, der hinter dem Tor steht.

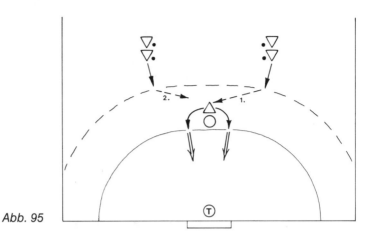

Abb. 95

Die Rückraumspieler passen abwechselnd zum Kreisspieler K, der vor dem Abwehrspieler A steht. K wirft auf das Tor nach Drehung zur oder gegen die Wurfhand.

a) A verhält sich passiv
b) A verhält sich aktiv

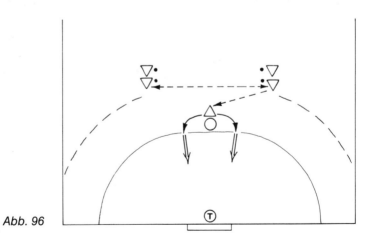

Abb. 96

Nach mehreren Querpässen der Rückraumspieler paßt einer von ihnen zu K, der gegen A auf das Tor wirft. T verändert den Pässen entsprechend seine Stellung.

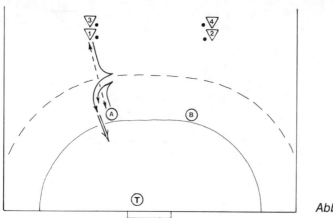

Abb. 97

1 spielt zu A, erhält den Ball zurück und versucht gegen den abwehrenden A auf das Tor zu werfen:
a) Torwurf nach Täuschen (Skizze)
b) Torwurf aus dem Lauf (Weitwurf)
c) Torwurf aus dem Sprung

3. Abwehr nach konditioneller Belastung

Die folgenden Übungsformen haben die Verbesserung und Schulung des Ausdauervermögens, das auch als das „Stehvermögen" des Torwarts bezeichnet wird, zum Ziel. Sie laufen so ab, daß der Torwart nach einer gezielten konditionellen Beanspruchung, wie Laufbelastung, Wurfbelastung, Lauf- und Wurfbelastung in Kombination oder allgemeiner körperlicher Belastung, eine festgelegte Folge von Abwehrhandlungen zu vollziehen hat.

Die aufgezeigten Übungsbeispiele sind Grundformen, die durch die Veränderung der Zahl der Bälle und deren Anordnung sowie die Zahl der Spieler und deren Aufstellung im Spielfeld leicht abzuwandeln sind und so ohne Schwierigkeit der besonderen Schulungsnotwendigkeit eines Torwarts angepaßt werden können.

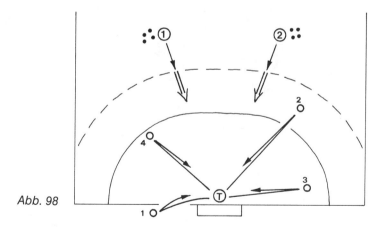

Abb. 98

T läuft in der angegebenen Reihenfolge zu den ausgelegten Medizinbällen und jeweils wieder zur Tormitte zurück. Hat T die vorgegebenen Laufstrecken zurückgelegt, wehrt er 8 von den Rückraumspielern 1 und 2 abwechselnd geworfene Bälle ab.

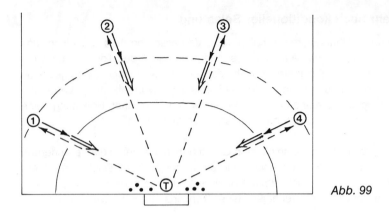

Abb. 99

In unmittelbarer Nähe des Tores liegen 8 Bälle, die T schnell und zweimal in der Reihenfolge 1–4 zu den Außen- und Rückraumspielern paßt. Nach dieser Paßfolge von T werfen die Spieler je zweimal auf das Tor.

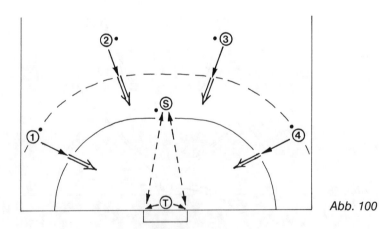

Abb. 100

T sitzt am linken Torpfosten ab, wird von S angespielt, paßt im Stand zu S zurück, sitzt am rechten Torpfosten ab ... usw. Nach viermaligem Absitzen wehrt T nacheinander die Torwürfe der Angreifer in der Reihenfolge 1–4 ab.

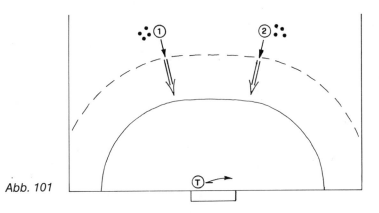

Abb. 101

T wehrt einen von 1 flach zur linken Torecke geworfenen Ball ab und versucht, den kurz danach von 2 zur rechten oberen Torecke geworfenen Ball abzuwehren.

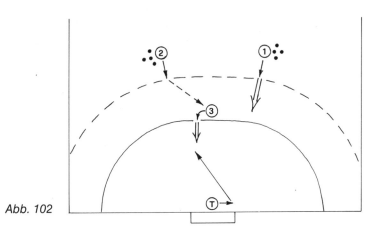

Abb. 102

Nach der Abwehr eines von 1 flach zur rechten Torecke geworfenen Balles versucht T, den Torwurf des von 2 angespielten Kreisspielers abzuwehren.

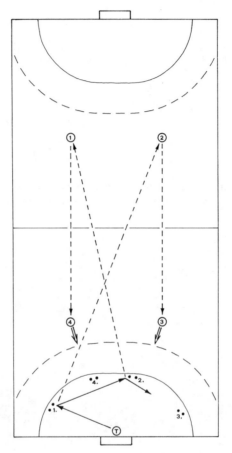

Abb. 103

8 Bälle sind paarweise an der Torraumgrenze abgelegt. T läuft in der angegebenen Reihenfolge zu den Bällen und spielt je einen davon abwechselnd zu 1 und 2. Diese passen sofort zu den ihnen gegenüberstehenden Spielern 3 und 4, die anschließend je viermal wechselweise auf das Tor werfen (Abb. 103).

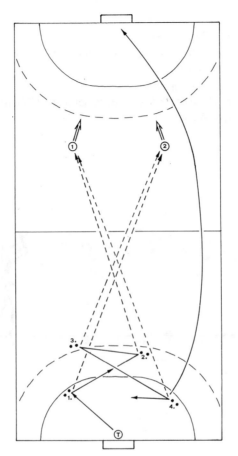

Abb. 104

8 Bälle sind paarweise im und am Torraum abgelegt. T läuft in der angegebenen Reihenfolge zu den Bällen und spielt jeweils einen davon abwechselnd zu den Spielern 1 und 2. Nach seinem letzten Paß läuft er in das obere Tor und wehrt 8 von den Rückraumspielern 1 und 2 auf das Tor geworfene Bälle ab (Abb. 104).

4. Übungsformen zur Verbesserung und Schulung des Reaktionsvermögens

Partnerübungen mit einem Ball

Die Partner wechseln in schneller Folge und mit zunehmender Wurfstärke zwischen Werfen und Rollen.

Unregelmäßiger Wechsel zwischen

a) direkten Würfen: Über Kopfhöhe, in Brusthöhe, in Hüfthöhe, in Kniehöhe
b) indirekten Würfen (Aufsetzer)
c) Rollen

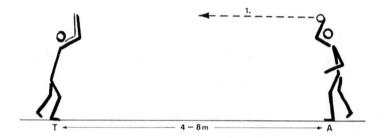

Abb. 105

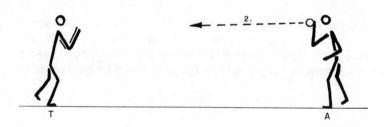

Abb. 106

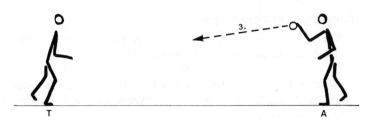

Abb. 107

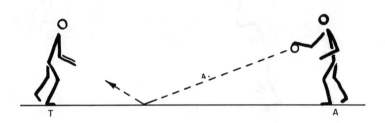

Abb. 108

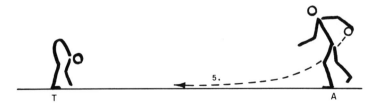

Abb. 109

Übungen in der Vierergruppe

1. A, B und C stehen mit Ball in 3–5 m Abstand zueinander auf einer Linie. T steht
   B in einer Entfernung von 6 m gegenüber.
   Die Spieler werfen zu T in der Reihenfolge A-B-C-B-A-B . . . usw., wobei jeder
   zwischen direkten, indirekten Würfen und dem Rollen des Balles wechselt.
   Nach festgelegter Zeit oder Anzahl der Würfe von T wechseln die Übenden im
   Uhrzeigersinn ihre Plätze.

Abb. 110

2. Die gleiche Grundaufstellung und Abfolge der Würfe wie in der vorherigen Übungsform. T bleibt aber nicht am Ort, sondern läuft in Gegenüberstellung zu jeweils Werfenden.

Abb. 111

Partnerübungen mit zwei Bällen

1. Der Torwart und ein Spieler (2. Tw) stehen sich in einem Abstand von 4–6 m, jeder mit Ball, gegenüber.
   a) T paßt immer in Brusthöhe zu A, während A in unregelmäßiger Folge direkt, indirekt wirft und den Ball zu T rollt.
   b) Beide Partner wechseln unregelmäßig zwischen direkten, indirekten Würfen und dem Rollen des Balles.

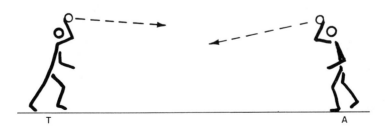

Abb. 112

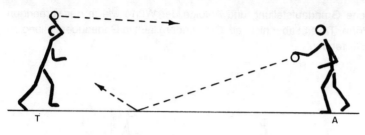

Abb. 113

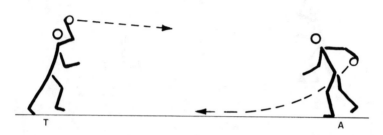

Abb. 114

2. R wirft seinen Ball vor sich hoch, paßt den von A ihm zugeworfenen (gerollten) Ball zu diesem zurück und fängt danach seinen eigenen Ball wieder.

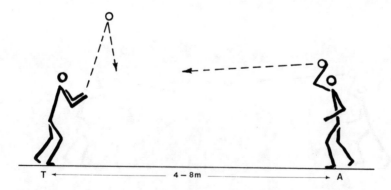

Abb. 115

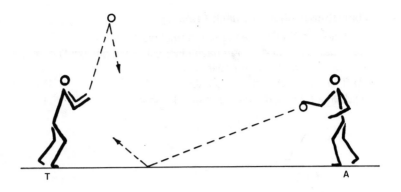

Abb. 116

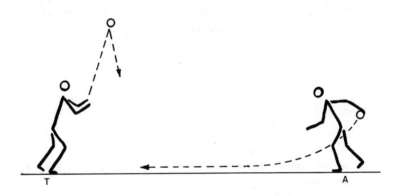

Abb. 117

Ballannahme(sicherung) nach Drehung

1. Torwart und Werfer stehen sich frontal gegenüber.
   a) T paßt zu A und sichert nach einer schnellen ganzen Drehung den von A zurückgeworfenen (gerollten) Ball.
   b) T und A wechseln die Aufgaben.
   c) Beide Partner drehen nach der Ballabgabe.

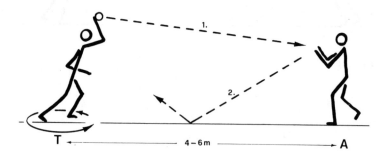

Abb. 118

2. Torwart steht mit dem Rücken zum Werfer im Tor.
   a) A wirft indirekt. T dreht zum Ball, sobald er dessen Aufprall auf den Boden wahrnimmt.
   b) T dreht nach Zuruf von A, der abwechselnd den Ball rollt, direkt und indirekt wirft.

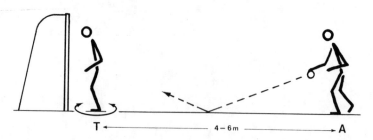

Abb.119

72

3. T steht in der Mitte zwischen A und B.

A wirft zu T. T paßt zu A zurück, dreht und sichert den von B geworfenen (gerollten) Ball, paßt zu B, dreht . . . usw.
Während T immer in Brusthöhe paßt, variieren A und B die Wurfhöhe. Nach einer bestimmten Zeit oder Anzahl von Pässen wechseln die Übenden die Plätze.

Abb. 120

4. T fängt nach einer Rolle vorwärts auf einer Matte (Boden) den A in Über-Kopf-Höhe geworfenen Ball, paßt zu A, dreht, rollt, fängt den von B geworfenen Ball . . . usw.

Abb. 121

73

Zwei schwierige Übungsformen

1. Während die beiden Torwarte ihren Ball hochwerfen und wieder fangen, spielen sie sich einen dritten Ball mit den Füßen zu.

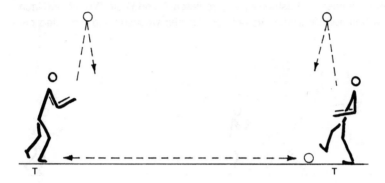

Abb. 122

2. Der Torwart wirft und fängt zwei Bälle: Den ersten wirft er gegen die Wand, den zweiten wirft er nach oben.

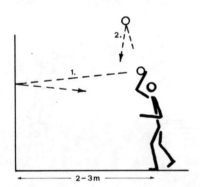

Abb. 123

Übungsformen an der Wand

Der Torwart steht mit dem Gesicht oder dem Rücken zur Wand und wehrt die von der Wand zurückprallenden Bälle ab. Je nach Leistungsstand wehrt er, mit den entsprechenden Pausen, Serien von 10–20 Würfen ab.

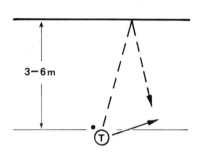

Abb. 124

T stößt den Ball mit dem linken oder rechten Innenfuß hart gegen die Wand.

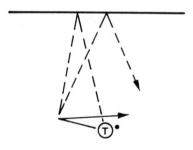

Abb. 125

T wirft den Ball schräg gegen die Wand.

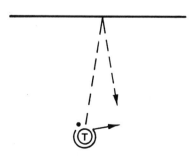

Abb. 126

T wirft gegen die Wand und wehrt nach einer ganzen Drehung den zurückspringenden Ball ab.

75

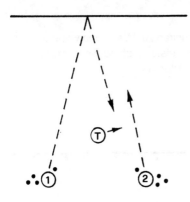

Abb. 127

1 und 2 stehen links und rechts versetzt hinter T und werfen abwechselnd in verschiedener Höhe und Richtung gegen die Wand.

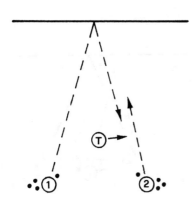

Abb. 128

T steht mit dem Rücken zur Wand. Nach jedem Wurf von 1 bzw. 2 dreht er zur Wand und wehrt den zurückspringenden Ball ab.

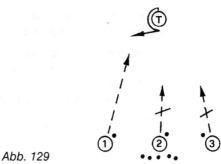

Abb. 129

T steht mit dem Gesicht zu der Wand. Auf Zuruf dreht er zum Spielfeld und wehrt den aus einer Dreiergruppe geworfenen Ball ab. Ersatzbälle sind hinter den Werfern abgelegt.

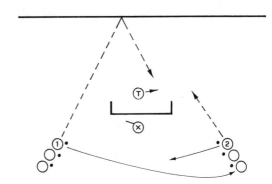

Abb. 130

Das Tor steht mit der offenen Seite in 4–6 m Entfernung vor der Wand. Seitlich links und rechts hinter ihm steht je eine Spielerreihe mit Bällen.
Auf Handzeichen von TR, der zu T schaut (Korrektur!), werfen die Spieler so gegen die Wand, daß die Bälle in Richtung Tor zurückprallen. TR wartet mit dem nächsten Handzeichen so lange, bis T die Grundstellung wieder eingenommen hat.

1 Serie = 10–20 Würfe

Handzeichen: links oben – 1 wirft hoch
rechts unten – 2 wirft flach . . . usw.

Variationen: a) Wurftempo – gleichmäßig/ungleichmäßig
b) Wurfhöhe – gleich/ungleich von links und rechts
c) Wurffolge – regelmäßig/unregelmäßig von links und rechts
d) Das Tor steht vor einer Hallenecke (Abb. 131)

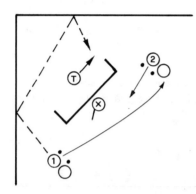

Abb. 131

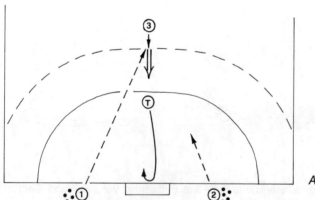

Abb. 132

T steht an der Torraumgrenze mit dem Rücken zu 3. Im Augenblick des Abspiels
von 1 läuft T zum Tor, wehrt ab und nimmt seine Ausgangsposition wieder ein.
Anschließend spielt 2 zu 3 . . . usw.

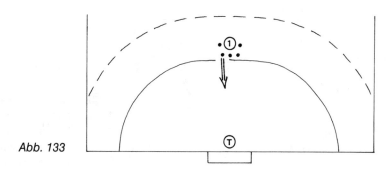

Abb. 133

1 hat zwei Bälle in den Händen, drei Bälle liegen vor ihm am Boden. T wehrt fünf Bälle ab, die 1 kurz nacheinander und abwechselnd mit einem Fuß stößt und mit einer Hand wirft.

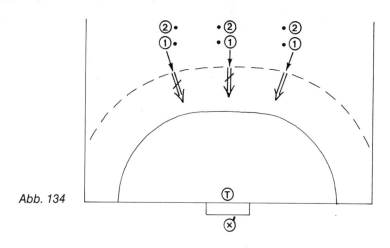

Abb. 134

Die Spielerreihen stehen auf den Rückraumpositionen. Auf Handzeichen von TR holen die jeweils Ersten einer Reihe nach kurzem Anlauf gleichzeitig zum Torwurf aus, aber nur der von TR „Angezeigte" wirft.

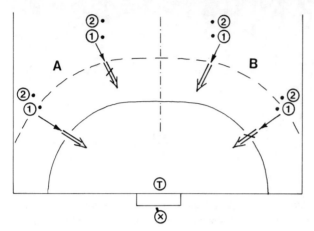

Abb. 135

Die Spielerreihen stehen auf den Positionen RA, RR bzw. LA, RL und üben wechselweise in den beiden Gruppen A und B.

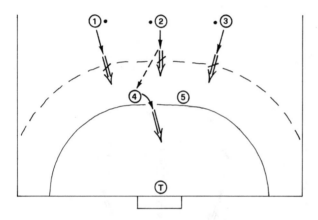

Abb. 136

Die Rückraumspieler täuschen zu gleicher Zeit einen Torwurf vor. Einer von ihnen spielt einen von den beiden Kreisspielern an, der dann auf das Tor wirft.

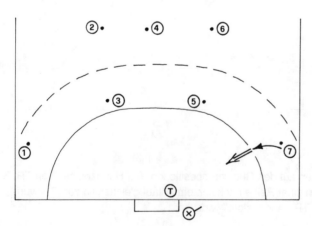

Abb. 137

7 Angriffspositionen sind mit je 1 (2) Spielern besetzt. Die Spieler werfen in der Reihenfolge 1–7 oder auf das Handzeichen von TR auf das Tor.

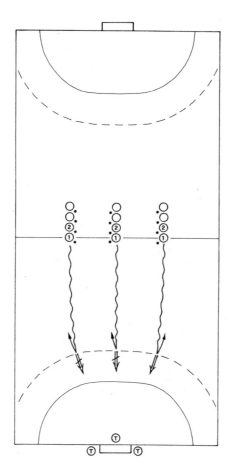

Abb. 138

Die jeweils Ersten jeder Reihe prellen, auf gleicher Höhe laufend, zum Tor. An der 9-m-Linie täuschen zwei von ihnen einen Torwurf vor, der Dritte wirft auf das Tor. Die Täuschenden laufen nicht bis zur Torraumlinie weiter! Nach einer bestimmten Zahl von Torwürfen wechseln die Torwarte einander ab (Abb. 138).

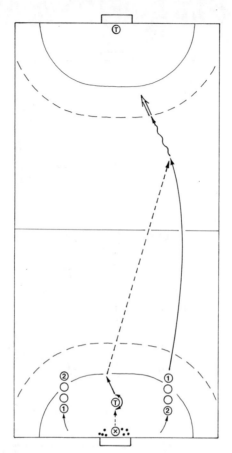

Abb. 139

TR und T stehen sich im Torraum im Abstand von 3–4 m gegenüber.
TR spielt zu T. T dreht sich zum Spielfeld und paßt zu den nacheinander zum Gegenstoß laufenden Spielern 1, 2, 3 usw. Die Spieler schließen mit einem Torwurf ab (Abb. 139).

Steigerung: TR paßt ungenau,
rollt den Ball beliebig in den Torraum,
legt den Ball im Torraum ab,
überwirft T.

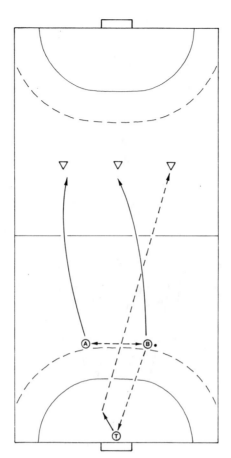

Abb. 140

Nach wenigen Pässen zwischen A und B spielt beispielsweise B zu T. Unmittelbar nach diesem Paß laufen A und B zur Deckung von zwei der drei stehenden Angriffsspieler. T paßt schnell zu dem ungedeckten Angreifer (Abb. 140).

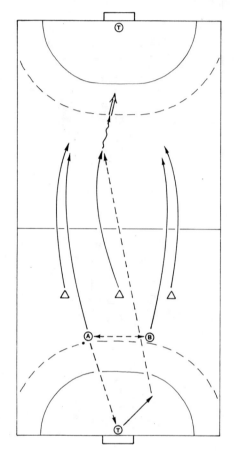

Abb. 141

Nach wenigen Pässen zwischen A und B spielt A zu T. Sofort nach diesem Paß laufen A und B zur Deckung von zwei der drei zum Gegenstoß laufenden Angriffsspieler. T paßt zu dem ungedeckten Angreifer, der mit einem Torwurf abschließt.

Diese Übungsform ist auch mit den Überzahlverhältnissen im Angriff von 4:3 und 5:4 durchzuführen (Abb. 141).

III. Schulung des technisch-taktischen Verhaltens für die Angriffsentwicklung

Im Verlauf eines Spiels wechseln für eine Mannschaft Abwehr- und Angriffssituationen ständig einander ab. Wie die Spieler, so ist auch der Torwart gezwungen, sich auf die oft doch sehr schnell ablaufenden Situationswechsel einzustellen und sich diesen anzupassen. Das bedeutet, daß der Torwart analog zu seinem technisch-taktischen Abwehrverhalten auch technisch-taktische Angriffsaufgaben zu lösen hat.

1. Grundsätzliche Hinweise

„Der Torwart ist der letzte Mann der Abwehr und der erste Mann des Angriffs."
Dieser allgemeine Grundsatz zeigt die beiden Hauptaufgaben und Schulungsbereiche des Torwarts auf:
- die vorrangig zu leistende Abwehrtätigkeit.
- das der Abwehrhandlung sich unmittelbar anschließende Verhalten im Angriff.

Die Schulung des Angriffsverhaltens bezieht sich auf die folgenden technischen und taktischen Bereiche:
- Ballsicherung
- Erkennen des anzuspielenden Angreifers
- Einleiten des Angriffs
  mit langem Paß
  mit kurzem Paß
- Torwurf
- Einsatz als 7. Mann im Angriff
- Beeinflussung des zeitlichen Ablaufes der Angriffsentwicklung

2. Die technische Schulung

a) Die Sicherung des Balles

Nach erfolglosem Torwurf des Gegners versucht der Torwart den Ball so schnell wie möglich zu sichern, das heißt den Ball auf dem kürzesten Weg und in der kürzesten Zeit sicher unter Kontrolle zu bringen.
Die Ballsicherung ist notwendig bei abgewehrten, neben und über das Tor geworfenen oder von Torpfosten oder -latte zurückprallenden Bällen. Sie soll zum einen den erneuten Ballbesitz des Gegners und dessen Chance zum nochmaligen Torwurf verhindern und zum anderen dem Torwart das schnelle Einleiten des Angriffs seiner Mannschaft ermöglichen.
Die dabei im Torraum oder in dessen unmittelbaren Nähe zurückzulegenden Strecken sind so kurz, daß der Torwart nicht in der Lage ist, seine maximale Geschwindigkeit zu erreichen. Um aber dennoch auf sehr kurzer Strecke eine

möglichst hohe Laufgeschwindigkeit zu erzielen, ist es notwendig, die Antritts-schnelligkeit und die Fähigkeit des Torwarts zu schneller Geschwindigkeitssteige-rung verstärkt zu entwickeln.

Übungsformen

Die im folgenden aufgezeigten Übungsformen sind Beispiele, die sich hinsichtlich ihres Ablaufes leicht verändern lassen und die der Schulungsnotwendigkeit und dem jeweiligen Leistungsstand des Torwarts anzupassen sind.
Sie werden im Serienprinzip durchgeführt. Bei diesem Verfahren werden die einzelnen Wiederholungen in Serien mit längeren Serienpausen (2–4 Min.) zusammengefaßt. Eine Reihe von Serien ergibt das Übungsprogramm. Die Anzahl der Wiederholungen und Serien ist auf den Leistungsstand des Torwarts abzustimmen.

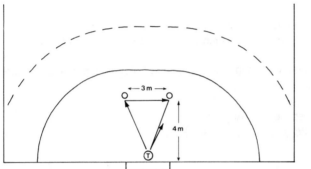

Abb. 142

T läuft von der Tormitte zu den ausgelegten Medizin- oder Handbällen, berührt diese mit beiden Händen und läuft mit dem Blick zum Spielfeld zur Tormitte zurück. Die Wiederholungen laufen jeweils in entgegengesetzter Richtung ab.
Übungsprogramm: 6 Wiederholungen = 1 Serie
(Beispiel)   Übungsprogramm = 4 Serien

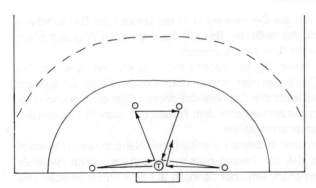

Abb. 143

T läuft in der angegebenen Reihenfolge zu den 4 ausgelegten Medizinbällen, berührt diese mit beiden Händen und läuft zur Tormitte zurück. Die jeweils nächste Wiederholung läuft in umgekehrter Richtung ab.

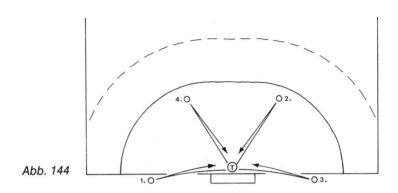

Abb. 144

T läuft in der angegebenen Reihenfolge zu den einzelnen Medizinbällen und nach jeder Ballberührung zur Tormitte zurück.

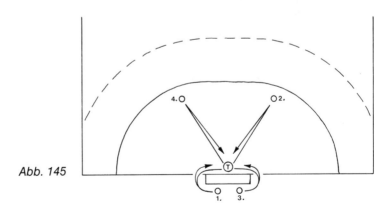

Abb. 145

Der Übungsablauf erfolgt in der gleichen Weise wie bei der vorherigen Übungsform.

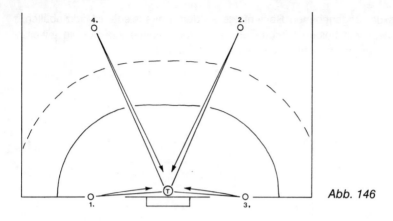

Abb. 146

Die Medizinbälle 2 und 4 sind so abzulegen, daß ihre Entfernung zur Tormitte ungefähr 12–15 Meter beträgt.

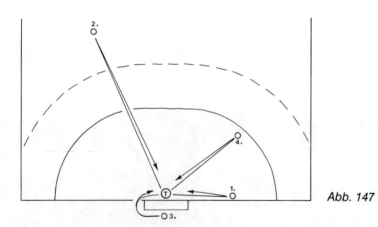

Abb. 147

Die unterschiedlichen Laufstrecken werden in der angegebenen Reihenfolge zurückgelegt.

88

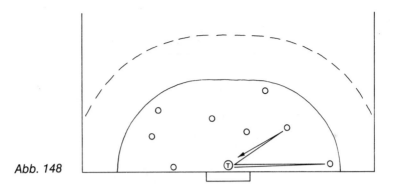

Abb. 148

T läuft zu 8 im Torraum abgelegten Medizinbällen in der Reihenfolge von rechts nach links (Skizze) oder von links nach rechts oder nach freier Wahl.

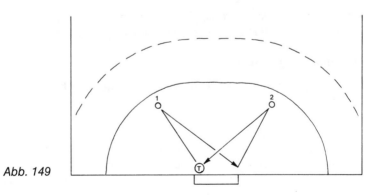

Abb. 149

Nach der Abwehrbewegung flach-links bzw. flach-rechts läuft T aus dem Hürdensitz abwechselnd zu den Bällen 1 und 2.

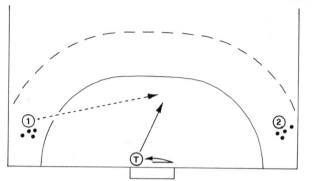

Abb. 150

Nach Abwehrbewegungen rechts unten und links unten versucht T den von 1 durch den Torraum gerollten Ball zu sichern (erlaufen, hechten), noch bevor dieser den Torraum verläßt. Danach gegengleicher Übungsablauf.

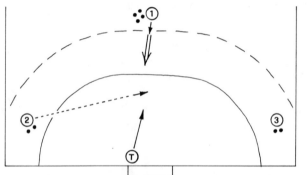

Abb. 151

1 wirft flach zur linken Torecke. T wehrt ab und versucht den von 2 durch den Torraum gerollten Ball zu sichern. Anschließend gegengleicher Übungsablauf.

b) Sichern und Passen

Nach erfolgter Abwehr leitet der Torwart mit dem gesicherten Ball den Angriff ein. Je nach Spielverlauf und Situation geschieht dies langsam (verzögernd) oder sehr schnell (Gegenstoß), mit einem kurzen oder langen Paß an einen stehenden oder laufenden Spieler.

Diese erste vom Torwart ausgehende Angriffshandlung hängt ganz entscheidend von dessen Wurfvermögen ab. Dies wird besonders deutlich beim Gegenstoß, dessen Gelingen weitgehendst von der Wurfkraft, Wurfschnelligkeit und Wurfgenauigkeit des Torwarts bestimmt wird.

Übungsformen

Übungsbeispiele zur Verbesserung des Wurfvermögens des Torwarts.

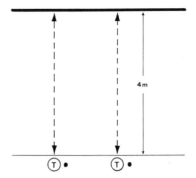

Abb. 152

T wirft aus 4 m Entfernung so schnell und so oft wie möglich gegen die Wand, ohne daß dabei der Ball den Boden berührt.

Übungsdauer: 20–30 Sekunden

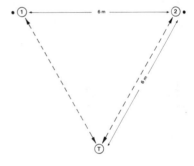

Abb. 153

1, 2 und T haben je 6 m Abstand zueinander.
1 und 2 passen in schneller Folge abwechselnd zu T, der den Ball immer wieder sofort zurückspielt.

Übungsdauer: 20–30 Sekunden

Üben drei Torwarte zusammen, so werden nach jeweils 20–30 Sekunden die Plätze im Uhrzeigersinn gewechselt.

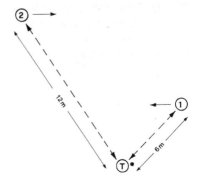

Abb. 154

Wechsel zwischen kurzen und langen Pässen

Paßfolge:
T–1–T   T–2–T   T–1–T . . . usw.

Nach z. B. 10 Würfen von T oder nach 20–30 Sekunden nehmen 1 und 2 die entsprechenden Positionen auf der Gegenseite ein.

12m

6m

4m

6m

Abb. 155

Abb. 156

Paßfolge:

1–T–1 2–T–2 1–T–1 . . . usw.

Üben 3 Torwarte zusammen, werden die Plätze nach einer Serie von z. B. 10 Würfen von T gewechselt. Der nächstfolgende Paß erfolgt während der Drehung von T.

Passen bei zu- und abnehmender Entfernung

1–4 setzen sich nach ihrem Rückpaß zu T auf den Boden. In umgekehrter Reihenfolge erfolgen nun im Stand Ballannahme und Rückpaß zu T.

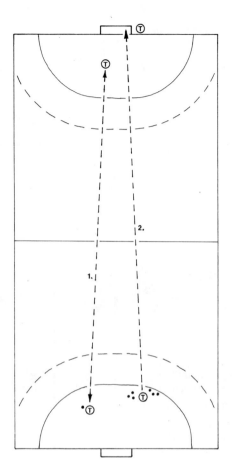

Abb. 157

1. 2 Torwarte spielen sich von Torraum zu Torraum (von Tor zu Tor) den Ball zu.
   1 Serie = 20 Würfe insgesamt

2. T wirft nacheinander 6–10 Bälle, möglichst unter die Torlatte, in das leere obere Tor. Sind alle Bälle geworfen, wirft der 2. Torwart auf das untere Tor (Abb. 157).

Passen zum stehenden Spieler

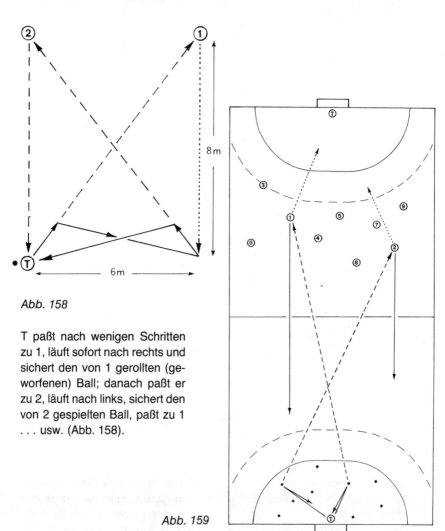

Abb. 158

T paßt nach wenigen Schritten zu 1, läuft sofort nach rechts und sichert den von 1 gerollten (geworfenen) Ball; danach paßt er zu 2, läuft nach links, sichert den von 2 gespielten Ball, paßt zu 1 ... usw. (Abb. 158).

Abb. 159

8–10 Spieler stehen jenseits der Mittellinie, 8–10 Bälle liegen verstreut im Torraum. TR ruft die Nummern 1–8 (10) auf. Die Aufgerufenen heben den Arm und werden von T bei dessen freier Ballwahl angespielt. Üben mehrere Torwarte, so rollen die Spieler ihren Ball zum oberen Tor und laufen zu erneuter Aufstellung in die untere Spielfeldhälfte. Der Übungsablauf erfolgt dann in umgekehrter Richtung (Abb. 159).

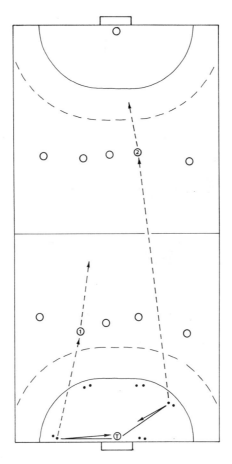

Abb. 160

5mal 2 Bälle liegen im Torraum. T gibt abwechselnd kurze und lange Pässe an die im Spielfeld postierten 10 Spieler. Nach jedem Paß läuft er über die Tormitte zum nächsten Ball. Die Spieler passen weiter zum zweiten Torwart, der die Bälle paarweise im Torraum ablegt. Sind alle Bälle gespielt, so erfolgt der Übungslauf in umgekehrter Richtung (Abb. 160).

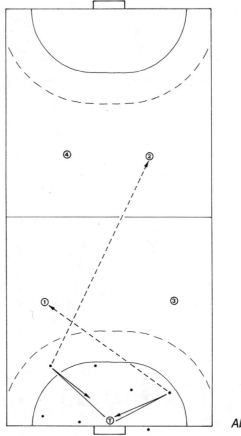

Abb. 161

8–12 Bälle liegen verstreut im und um den Torraum. T nimmt sie in selbst gewählter Reihenfolge auf und gibt abwechselnd kurze und lange Pässe an die Spieler 1–4. Nach jedem Paß läuft T in die Ausgangsstellung zurück (Abb. 161).

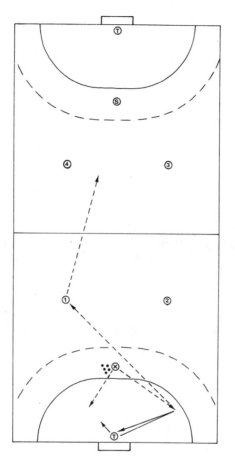

Abb. 162

TR wirft (rollt) 8–12 Bälle in den Torraum. T sichert, paßt wahlweise zu den Spielern 1–4 und läuft nach jedem Paß in die Ausgangsstellung zurück. Die Spieler passen weiter zu S, so daß nach 8–12 Pässen von T der Übungsablauf in umgekehrter Richtung fortgesetzt werden kann (Abb. 162).

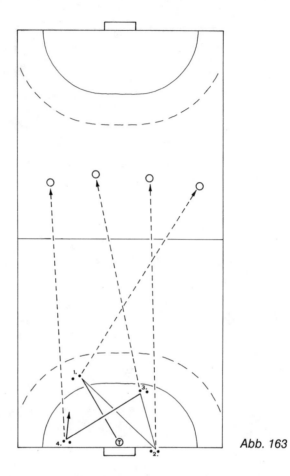

Abb. 163

8 Bälle sind im und am Torraum paarweise abgelegt. T läuft in der festgelegten Reihenfolge zu den Bällen und gibt Pässe in freier Wahl an die 4 in der oberen Spielfeldhälfte postierten Spieler (Abb. 163).

Sichern und Passen zum laufenden Spieler

Der Paß an den laufenden Spieler stellt für den Torwart eine besondere Schwierigkeit dar. Diese Tatsache wird ganz besonders deutlich beim Gegenstoß, der oft nur deshalb mißlingt, weil der Torwart nicht in der Lage ist, einer gegebenen Situation entsprechend, zu passen.

Der Paß an den sich fortbewegenden Spieler ist eine technisch-taktische Handlung, die auf folgenden Wahrnehmungen des Torwarts beruht:

– Erkennen der günstigsten Anspielposition
– Laufweg(-richtung) des Spielers
– Geschwindigkeit des Spielers (gleichbleibend, verzögert, beschleunigt)
– Entfernung zum Spieler
– Größe des Spielers
– Händigkeit des Spielers
– Blickverbindung des Spielers zum Torwart

Um einen schnellen Ablauf des Gegenstoßes zu ermöglichen, ist es u.a. notwendig, daß der vom Torwart kommende Ball nach einer möglichst geraden Flugbahn den Spieler erreicht. Des weiteren muß der Paß so erfolgen, daß der Ball ohne Störung und Verzögerung der Laufbewegung des Spielers zum An- und Zuspiel, Prellen oder Torwurf weitergeleitet werden kann.

Dabei spielt der Winkel zwischen Lauf- und Ballweg im Augenblick der Ballannahme (Abb. 164) eine wichtige Rolle. Torwart und Spieler helfen zusammen, um diesen Winkel möglischst groß werden zu lassen. Sie erleichtern sich dadurch gegenseitig den Paß bzw. die Ballannahme. Der Torwart läuft, wenn nur irgend möglich, in eine seitliche Abspielposition, während der Spieler einen gekrümmten Laufweg einschlägt.

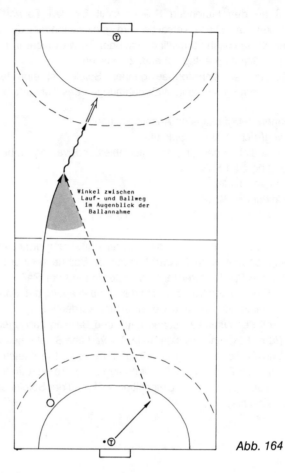

Winkel zwischen
Lauf- und Ballweg
im Augenblick der
Ballannahme

Abb. 164

Passen bei geradlinigem Laufweg des Spielers

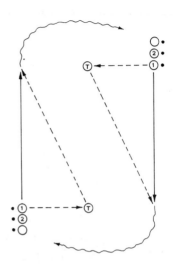

Abb. 165

1 paßt zu T und läuft geradeaus. T paßt zu 1, der sich prellend bei der Gegenreihe anschließt.

Der Abstand der Torwarte zueinander ist so zu verändern, daß kurze und lange Pässe geübt werden können.

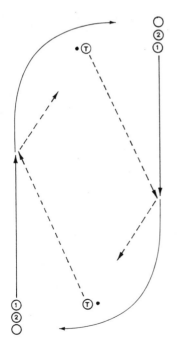

Abb. 166

1 läuft geradeaus, wird von T angespielt, paßt zum 2. Torwart und schließt sich bei der Gegenreihe wieder an.

Auch bei dieser Übungsform ist der Abstand der Torwarte zueinander zu verändern.

Passen bei gekrümmtem Laufweg des Spielers

Die folgenden Übungsformen sind der Gegenstoßschulung entnommen und werden mit der Mannschaft durchgeführt.

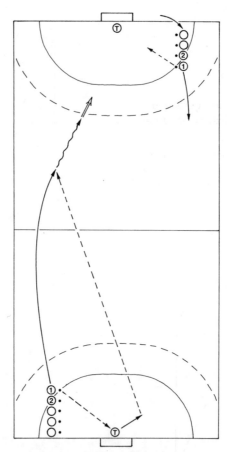

Abb. 167

Die Spieler passen nacheinander von der Position des AL in angegebenem Zeitabstand zu T, laufen zum Gegenstoß und werden von T nach Überlaufen der Mittellinie angespielt. Nach anschließendem Prellen und dem Torwurf formieren sie sich wieder zu einer Reihe, so daß die Übung erneut in entgegengesetzter Richtung ablaufen kann.

Diese Übungsform ist mit gleicher Häufigkeit auch auf der rechten Angriffsseite durchzuführen (Abb. 167).

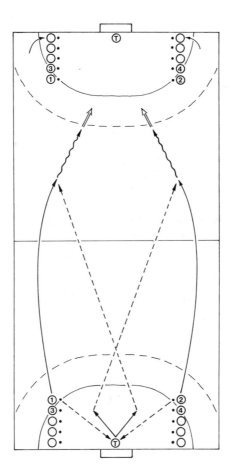

Abb. 168

2 Reihen stehen mit Ball im unteren Torraum. Nach dem Torwurf von 1 läuft 2 zum Gegenstoß, nach dessen Torwurf paßt 3 zu T und läuft zum Gegenstoß . . . usw. Nach dem Torwurf formieren sich die Spieler wieder zu Reihen im oberen Torraum zum Übungsablauf in entgegengesetzter Richtung (Abb. 168).

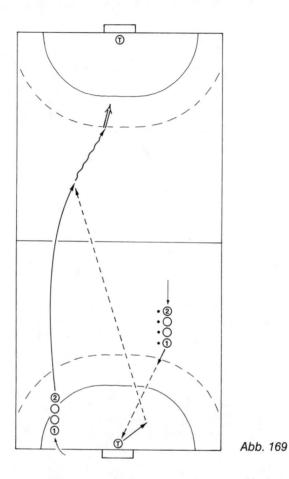

Abb. 169

1 spielt zu T. In dem Augenblick, in dem der Ball die Hand von 1 verläßt, läuft 2
zum Gegenstoß und wird von T angespielt. 2 schließt mit einem Torwurf ab. 1 und
2 schließen sich der jeweiligen Gegenreihe an (Abb. 169).

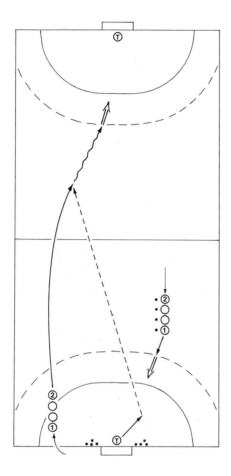

Abb. 170

1 wirft nach kurzem Anlauf an der 9-m-Linie auf das Tor. In dem Augenblick, in dem Ball die Hand von 1 verläßt, läuft 2 zum Gegenstoß. T sichert den Ball und paßt zu 2, der mit einem Torwurf abschließt. 1 und 2 schließen sich der jeweiligen Gegenreihe an (Abb. 170).

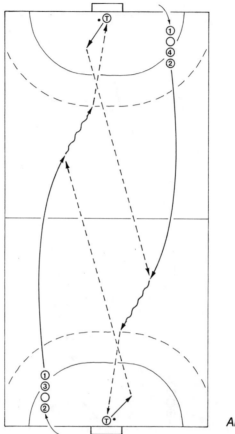

Abb. 171

1 und 2 laufen zu gleicher Zeit zum Gegenstoß, werden von den zugeordneten Torwarten angespielt und passen zu den ihnen entgegenstehenden Torwarten. In dem Augenblick, in dem der Ball die Hand von 1 bzw. 2 verläßt, laufen 3 und 4 zum Gegenstoß, werden von den Torwarten angespielt ... usw. Nach dem Abspiel zum Torwart schließen sich die Spieler der jeweiligen Gegenreihe an (Abb. 171).

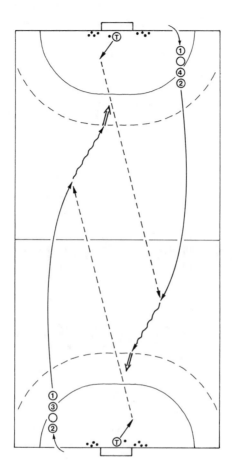

Abb. 172

Der Übungsablauf entspricht dem der vorangegangenen Übungsform. Die Spieler passen nicht zum Torwart, sondern werfen auf das von ihnen angelaufene Tor (Abb. 172).

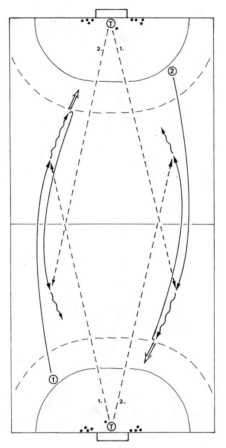

Abb. 173

Eine für Torwarte und Spieler gleichermaßen anspruchsvolle Übungsform: 1 und 2 laufen zu gleicher Zeit zum Gegenstoß, werden von den Torwarten angespielt und werfen auf das von ihnen angelaufene Tor. Sie wenden unmittelbar nach dem Torwurf, werden wieder angespielt, werfen auf das Tor ... usw. Je nach Leistungsstand laufen die Spieler 2- bis 6mal zum Gegenstoß (Abb. 173).

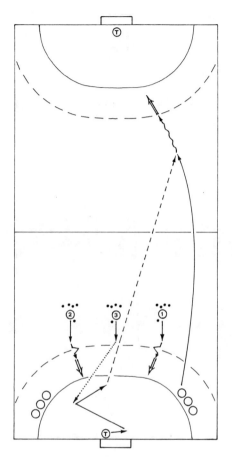

Abb. 174

T wehrt nacheinander die Sprungwürfe von 1 und 2 ab, sichert den von 3 in den Torraum gerollten Ball und paßt zu dem rechts bzw. links laufenden Gegenstoß-spieler, der mit einem Torwurf abschließt (Abb. 174).

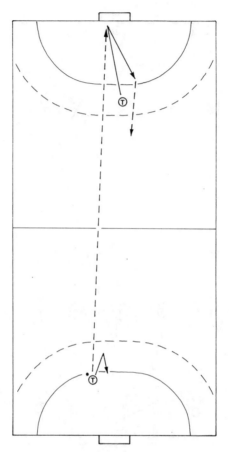

Abb. 175

Auch der Torwart kann ein Tor erzielen.

T steht an der Torraumlinie, der obere Torwart zwischen Torraum- und 9-m-Linie. T wirft auf das obere Tor und verläßt seinen Torraum. Sein Gegner wehrt, zum Tor laufend, den Torwurf ab, läuft zur Torraumlinie und wirft auf das untere Tor. T läuft zum Tor, wehrt ab . . . usw.

c) Methodische Hinweise

– Es ist mit Nachdruck darauf zu achten, daß sich Torwart und Spieler den Paß beziehungsweise die Ballannahme gegenseitig erleichtern (Abb. 164).

– Die gegenstoßlaufenden Spieler sollen ihre erreichte Geschwindigkeit und die eingeschlagene Laufrichtung beibehalten.

– Bei einer Übungsform, die nur auf einer Angriffsseite abläuft, ist nach einer bestimmten Anzahl von Durchgängen die Angriffsseite zu wechseln, so daß der Torwart nach links und rechts passen muß und die Spieler gezwungen sind, den Ball rechts- und linksseitig anzunehmen.

– Unter Berücksichtigung des Weges „vom Leichten zum Schweren" passen die Torwarte zunächst nach Anspiel durch die Spieler. Für fortgeschrittene Torwarte sind Übungsformen zu wählen, bei denen die Pässe erst nach der Abwehr von Torwürfen erfolgen.

– Bei Übungsformen mit Torwürfen ist es ratsam, Ersatzbälle in ausreichender Zahl in Tornähe ablegen zu lassen. Verspringen abgewehrte oder vom Tor abgeprallte Bälle, so greifen die Torwarte auf die abgelegten Bälle zurück und erhalten auf diese Weise den Übungsfluß und die Übungshäufigkeit.

– Die Torwarte wechseln bei jeder Übungsform nach einer festgelegten Anzahl von Durchgängen die Tore.

IV. Aufwärmen und Einspielen des Torwarts

Die besonderen Aufgaben des Torwarts, die sachgemäß auch besondere Bewegungsabläufe und -vorgänge zur Folge haben, müssen selbstverständlich beim Aufwärmen berücksichtigt werden. Das vom Trainer oder auch vom Torwart selbst zusammengestellte Aufwärmprogramm enthält sowohl gymnastische Übungen als auch Übungen mit dem Ball, die als Einzelübungen, Partnerübungen und Übungsfolgen mit der Mannschaft durchgeführt werden. Mit Rücksicht auf die individuellen Eigenheiten der Torwarte ist eine Schematisierung des Aufwärmprogramms zu vermeiden.

Einlaufen ohne Ball

Diese Form des Aufwärmens kann gemeinsam mit der Mannschaft oder auch individuell durchgeführt werden.

Übungsbeispiele: Lockeres Geradeauslaufen,
lockeres Laufen mit kurzen Richtungsänderungen, Hopserlauf,
Skipping (Laufen mit betontem Heben der Oberschenkel),
kurze Steigerungsläufe,
Verbindung von Laufbewegungen mit Kreisbewegungen der Arme.

Gymnastische Übungen

Diese Übungen führt der Torwart alleine, gesondert von der Mannschaft, durch. Für diesen Teil des Aufwärmens empfiehlt sich die Verwendung von vorgefertigten Übungskarten.

Übungsbeispiele: Wechsel vom Hürdensitz links über den flüchtigen Grätschstand in den Hürdensitz rechts. Die Hände fassen die Fußspitze des gestreckten Beines, die Arme ziehen den Rumpf zum Knie.

Hochsitz. Knie weit auseinander, Fußsohlen zusammen, die Hände umfassen die Füße. Rumpfbeugen vorwärts, die Stirn berührt die Füße.

Fortgesetztes Springen aus der Grundstellung in die Grätschstellung mit Handklatsch über dem Kopf (Hampelmann).

Einspielen mit Ball

— Das Einspielen der Mannschaft und des Torwarts geschieht zur gleichen Zeit. Während sich die Mannschaft im Feld paar- oder gruppenweise durch Paßfolgen aufwärmt, wird der Torwart im Tor mit mäßig starken und verschie-

den hohen Würfen des zweiten Torwarts oder des Trainers eingespielt.
- Anschließend werden die Torwarte „eingeworfen". Die Feldspieler stehen in Reihe auf der Position RM, der erste auf der Höhe der 9-m-Linie. Jeder Spieler hat einen Ball. Es wird zügig und zunächst nach Angabe des Trainers (Wurfhöhe, Torecke) mit zunehmender Wurfstärke geworfen. Die Würfe erfolgen körpernah, damit ein technisch einwandfreies Abwehren möglich ist. Danach folgen harte Torwürfe nach freier Wahl der Spieler. Die Torwarte wechseln einander ab.
- Zum Abschluß des Einspielens wird von den verschiedenen Positionen (Kreis, Rückraum, Außen) in bestimmter Reihenfolge zum Beispiel RA, RR, Rm . . . auf das Tor geworfen.

Ablauf und Dauer des Aufwärmens und Einspielens des Torwarts vor dem Spiel

1. Einlaufen ohne Ball	5 Min.
2. Dehnung und Lockerung durch gymnastische Übungen	5 Min.
3. Paarweises Einspielen (2. Torwart oder Trainer)	5 Min.
4. Einspielen durch die Mannschaft	5 Min.
5. Torwürfe von den verschiedenen Positionen	10 Min.

Beispiel eines Aufwärmprogramms ohne Ball

- Lockeres Laufen
- Lockeres Laufen und Springen mit Armschwüngen
- Dehnungsübungen (Beine, Rumpf)
- Nach 2–4 Laufschritten vorwärts Sprung mit gegrätschten Beinen und schräghoch blockenden Armen (Hampelmann)
- Nachstellschritte nach beiden Seiten mit Blocken der Arme
- Grätschwinkelsprünge nach jeweils 2–3 Laufschritten vorwärts

Beispiel eines Aufwärmprogramms mit Ball

- Passen (verschiedene Entfernung und Richtung)
- Aus 6 m Entfernung 10 harte Würfe gegen die Wand. Sicheres Fangen!
- Würfe aus kurzer Entfernung, so daß Arm-Bein-Abwehr notwendig wird.

Torwart im Tor:

- Bis zum Torschuß sich steigernde Pässe mit den Füßen
- Torwürfe von der Torraumlinie aus (zunehmende Wurfstärke und Schwierigkeit)
- Mannschaft wirft von verschiedenen Positionen aus auf das Tor. Jeder Spieler wirft zweimal.
- Nach Möglichkeit (Platz usw.): Einleiten von Gegenstößen.

Einwerfen ohne Abwehrspieler (2 Beispiele)

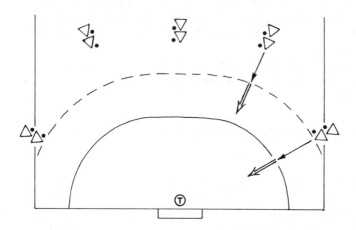

Abb. 176

Torwürfe von verschiedenen Positionen, von LA beginnend.

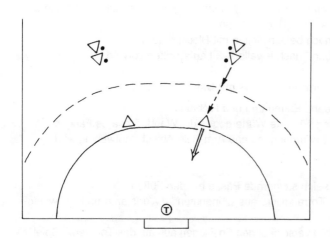

Abb. 177

Torwürfe vom Kreis

Einwerfen mit Abwehrspieler (2 Beispiele)

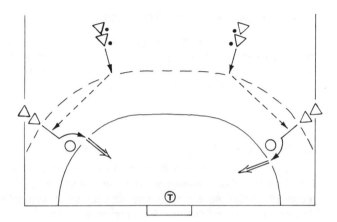

Abb. 178

Würfe von den Außenpositionen

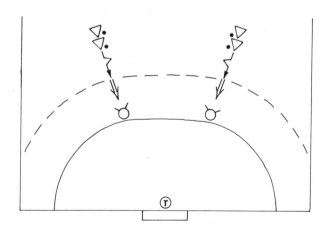

Abb. 179

Sprungwürfe aus dem Rückraum

Die Betreuung der Torwarte

1. Die Betreuung des Torwarts im Training

a) Die Organisation des Trainings

Das Training der Torwarte unterscheidet sich von seiner Zielsetzung und damit auch von der Durchführung her sehr wesentlich von dem der Spieler. Das Hauptproblem bei der Durchführung ist die Organisation des Trainings. Sie muß so geplant sein, daß zum einen den Torwarten zumindest die gleiche Übungsdauer wie den Spielern zur Verfügung steht und zum anderen im Ablauf des Trainings kein Leerlauf entsteht.

Das Training mit Torwarten ohne die Mannschaft

Zu diesem Sondertraining sollten mehrere Torwarte zusammengezogen werden. Die Trainingsinhalte beziehen sich auf konditionelle Verbesserung und die technische Schulung, die allerdings nur dann von Erfolg gekrönt sein wird, wenn Spieler zu diesem Training herangezogen werden können, die durch ihre Wurfsicherheit und -disziplin in der Lage sind anweisungsgerecht für und nicht gegen den Torwart zu trainieren. Zwei Formen dieses Trainings sind möglich:
- Das Torwarttraining findet am gleichen Tag wie das Mannschaftstraining, unmittelbar vor oder nach diesem, statt. Übungsdauer etwa 45 Minuten.
- Die konditionelle und technische Schulung wird als Sondertraining an einem anderen Tag als das Mannschaftstraining durchgeführt.

Das Training der Torwarte mit einem Co-Trainer während des Mannschaftstrainings

Diese Organisationsform wäre wohl die beste Lösung, da die Zeitabschnitte dieser Trainingsarbeit mit den Inhalten des Mannschaftstrainings recht gut aufeinander abgestimmt werden können. Trainer und Co-Trainer haben die Möglichkeit nach abgesprochenem zeitlichem und räumlichen Plan zu gleicher Zeit mit der Mannschaft und den Torwarten intensiv zu trainieren. Die Überleitung zum nachfolgenden gemeinsamen taktischen Training ist ohne Schwierigkeit zu vollziehen.

Das Training der Torwarte ohne einen Co-Trainer während des Mannschaftstrainings

Diese Organisationsform des Trainings ist leider immer noch die häufigste und sicherlich auch die schwierigste. Sie setzt voraus, daß die Torwarte in ihrer Ausbildung schon soweit fortgeschritten sind, daß sie diszipliniert und selbständig ihr konditionelles und technisches Trainingspensum erledigen können.

Folgende Hinweise sind zu beachten:
- Das Aufwärmen und die allgemeine Konditionsschulung werden gemeinsam mit der Mannschaft durchgeführt.
- Für die Torwarte werden Übungsprogramme entwickelt, die auf den einzelnen zugeschnittene Trainingsanweisung enthalten nach denen die Torwarte selbständig üben können.
- Vor dem technisch-taktischen Training mit der Mannschaft muß der Torwart die Gelegenheit bekommen sich speziell aufzuwärmen.
- Beim Training Torwart-Mannschaft ist der Schwerpunkt auf die Verbesserung des taktischen Verhaltens (Stellungsspiel) zu legen. Die Belastung ist so zu bemessen, daß das Reaktionsvermögen, die Leistungsbereitschaft und die Lernfähigkeit nicht negativ beeinträchtigt werden.
  Der Torwart sollte sich möglichst lange konzentrieren können und optisch wahrnehmungsfähig sein. Durch die optischen Eindrücke, die das Spielgeschehen vermittelt, werden weitere Grundlagen gelegt für sein künftiges antizipatives Verhalten, d. h. die Fähgkeit die Entwicklung von Torwurfsituationen vorauszusehen.
- Die Schulung der Abwehr von Würfen aus verschiedenen Positionen, ohne und mit Abwehrspielern, sowie die Gegenstoßschulung (Sichern und Passen) sollten in keinem Training fehlen.

b) Hinweise zur Betreuung der Torwarte im Training

- Die Einzelarbeit mit dem Torwart in der technisch-taktischen Schulung setzt die genaue Beobachtung des Torwartverhaltens voraus. Sie ist systematisch und in sachlicher Zusammenarbeit zwischen Torwart und Trainer in das Training einzubeziehen.
- Der Torwart muß im Training die Gelegenheit zu technischem und taktischem Probieren bekommen. Die Ausweitung seines Erfahrungsbereiches auf diesem Wege ist aber nur dann gegeben, wenn der Torwart eine Vertrauensbasis zu seinem Trainer aufgebaut hat.
- Die Trainingsleistung darf nicht allein ausschlaggebend für die Aufstellung zum nächsten Spiel sein.
  Eine enge und vor allem einsichtige Zusammenarbeit zwischen dem ersten und zweiten Torwart muß immer angestrebt werden.
- Bei Verletzung des Torwarts müssen Sonderformen des Trainings für ihn gefunden werden.
- Zeigt ein Torwart deutliche Angstsymptome, ist der Ursache sofort nachzugehen.
- Das Training soll die Psyche des Torwarts stärken. Um dieses Ziel zu erreichen, ist es unerläßlich, daß sich die Spieler streng an die Anweisungen

des Trainers halten. Planlose, unkontrollierte Würfe gegen den Torwart sind zu verbieten. Es ist ebenso in psychischer Hinsicht recht ungeschickt, den Torwart zu „verladen", ihm durch die Beine zu werfen oder ständig zu überwerfen.

2. Die Betreuung des Torwarts vor dem Spiel

a) Die Betreuung vor dem Spiel beginnt bereits in den Trainingstagen vor dem Spiel. Dazu gehören:
– die Besprechung bemerkenswerter Situationen des letzten Spiels. Dabei werden Fehler des TW, Stärken und Schwächen besprochen.
– das Einstimmen auf den neuen Gegner, wobei das gegnerische Wurfverhalten, das Angriffsverhalten und individuelle Besonderheiten der gegnerischen Spieler besprochen werden. Alte Erfahrungen aus früheren Spielen gegen den gleichen Gegner werden aufgefrischt.
– das Besprechen taktischer Varianten (z. B. bei Freiwürfen des gegnerischen Freiwurfspezialisten; oder besondere Aufgabenverteilungen zwischen TW und Abwehr bzw. einzelner Abwehrspieler; Wechselsituationen zwischen 1. und 2. TW; Einsatz bei 7-m-Abwehr).
– Bekanntgabe wer als 1. TW das Spiel beginnt.

b) Die Betreuung am Spieltag beginnt mit der Zusammenkunft der Mannschaft. Dazu gehören:
– die Befragung über das Befinden des 1. TW und die Entscheidung, ob der besprochene Einsatz des 1. TW möglich und sinnvoll ist.
– die Lockerung der Anspannung beim 1. und 2. Torwart durch ein freies, ermunterndes und heiteres Gespräch.
– die Schaffung des individuellen Freiraums für den Torwart. Er erhält dadurch die Möglichkeit sich nach seinen persönlichen Bedürfnissen auf das Spiel vorzubereiten.
– die Gewöhnung des TW an die Situation in der Halle. Deshalb soll der TW sich vor allem in nicht bekannten Hallen, längere Zeit vor dem Spiel aufhalten, um sich an Licht-, Boden- und Schallverhältnisse zu gewöhnen und sich in eventuell asymetrisch eingezeichneten Spielfeldern orientieren.
– die Hinweise zum Aufwärmen. Sie sind jedoch meist eingespielt und laufen nach längst vorgegebenen Mustern (siehe Kapitel Aufwärmen).
– die Hinweise zum Wurfverhalten des Gegners, wobei die Beobachtung der gegnerischen Spieler beim Einwerfen vorteilhaft sein kann.
– die letzte Zuwendung des Trainers vor dem Spiel mit kurzer Ermunterung.

3. Betreuung des Torwarts im Spiel

Der TW steht während des Spiels unter extrem starker Nervenanspannung. Er ist während des gegnerischen Angriffs bis an die Belastungsgrenze angespannt und gefordert und darüber hinaus während des Angriffs der eigenen Mannschaft der einzige auf dem Spielfeld stehende höchst angespannte Zuschauer.

Deshalb brauchen viele TWe nach überstandenen Aktionen des Gegners Möglichkeiten, den psychischen Druck abzubauen. Dies geschieht durch heftiges Gestikulieren und Kommentieren bzw. durch aggressive Redeweise.

Der Trainer muß versuchen, dies in entsprechenden Grenzen zu halten, damit sich Mitspieler und Schiedsrichter nicht negativ angesprochen fühlen.

Während des Spielverlaufs ist bezüglich der Betreuung auf folgendes hinzuweisen:

- Vorwürfe an den TW sind zu unterlassen und zu unterbinden.
- Kurze aufmunternde Bemerkungen und Gesten seitens des Trainers stärken das Selbstbewußtsein des Torwarts.
- Auswechseln als „Strafe" wegen eines haltbar scheinenden Balles ist nicht zu empfehlen.
  Der Torwart soll ausgewechselt werden, wenn er mehrere Tore in unmittelbarer Folge hinnehmen mußte.
  Auf der Bank erfolgt dann eine kurze moralische oder konditionelle Pause mit Aufrüstung.
- Bei Verletzungen ist das Auswechseln dann zu empfehlen, wenn heftige Kopftreffer oder ernsthafte Verletzungen eingetreten sind. Eventuelles Wiedereinwechseln ist mit dem Torwart zu besprechen.
- In der Halbzeitpause sollte die Leistung des TW positiv gewürdigt werden. Kurze Absprachen und taktische Hinweise sind angebracht.
- Der TW, der auf der Bank sitzt, sollte sich nicht überflüssig fühlen. Kurze Hinweise und Ansprachen während des Spiels geben ihm das Gefühl, daß er gebraucht wird.
- Nach dem Spiel erfolgt eine kurze Kontaktnahme mit dem TW. Hierbei soll ohne große Problematisierung zu seiner Leistung Stellung bezogen werden. Das Gespräch sollte positiv gestimmt sein, aber bei unterdurchschnittlicher Leistung durchaus Ausblicke auf künftige Verbesserungen zeigen.
- Die Wünsche zu weiteren Gesprächen nach dem Spiel sind zu respektieren. Sie helfen Unsicherheiten abzubauen, Bestätigung zu festigen und Meinungsverschiedenheiten zu klären. Diese Gespräche sollten erst dann geführt werden, wenn die Erregung abgeklungen ist.

4. Das Problem des 2. Torwartes

Die Regel erlaubt wie beim Feldspieler auch beim TW den ständigen Wechsel zwischen 1. und 2. TW wahrend des ganzen Spiels. Dies bietet eine Reihe von guten taktischen Möglichkeiten, bringt aber auch eine erhebliche Anzahl von Problemen mit sich, bei deren Lösung der Trainer Geschick, Fingerspitzengefühl und Fachkenntnis zeigen muß.

Dazu folgende Hinweise:
- Eine Mannschaft sollte, wenn immer möglich, mit 2 gleichstarken Torwarten spielen.
- Die Bezeichnung „1. Torwart" trifft meist über einen längeren Zeitraum auf *einen*Torwart zu. Das heißt, der Trainer muß sich für eine sogen. Nr. 1 entscheiden. Damit werden Unsicherheiten, unnötige Spannungen und Gruppenbildung innerhalb der Mannschaft vermieden.
- Der 2. TW muß gleichwertig behandelt werden. Abwertende Äußerungen und Vernachlässigungen sind zu unterlassen.
- Im Trainihg sollen beide Torwarte gleichermaßen beansprucht, eingesetzt, gefordert und betreut werden.
- Im Meisterschaftsspiel beginnt in der Regel die Nr. 1. Taktische Überlegungen können diese Faustregel durchbrechen.
- In allen anderen Spielen beginnt sinnvollerweise der sogen. 2. TW.
- Leistung und spieltaktische Überlegungen entscheiden über den Einsatz, Kompromisse, wie halbzeitweises Wechseln oder Wechsel von Spiel zu Spiel sind gefährlich und können zu Mißerfolgen und Unruhen führen.

Notwendigkeiten zum Einsatz des 2. Torwarts
- Der 1. TW verletzt sich.
- Der 1. TW bringt schlechte Leistung.
- Der 1. TW soll während eines Spiels taktische Anweisungen vom Trainer erhalten.
- Der 1. TW mußte innerhalb kurzer Zeit eine Reihe von Toren hinnehmen ohne Abwehrerfolge zu haben.
- Die gegnerische Mannschaft hat eine individuelle Torwartschwäche erkannt und nutzt sie erfolgreich aus.
- Bei 7–m–Würfen. Wenn der 1. TW bereits erfolglos war oder wenn der 2. TW ein ausgeprochener „7-m-Spezialist" ist.
- Ein Spiel ist absolut sicher entschieden. Anmerkung: Dabei ist jedoch zu bedenken, daß in solchen Phasen die Konzentration und der Einsatz der Mannschaft nachlassen. Der eingewechselte TW findet gerade dann wenig günstige Bedingungen vor, so daß die gewünschte Bestätigung und Festigung eher verhindert wird.
- Die Meisterschaften und entscheidende Plazierungen sind entschieden. Dann Einsatz zumindest mit der halben Spielzeit.
- In Trainingsspielen und Freundschaftsspielen, zumindest mit der halben Spielzeit.